I0136513

Los $ecretos
de la Riqueza Judía Revelados

El Camino
a la Prosperidad Financiera

Rabino Celso Cukierkorn

Sinagoga Adat Achim

Sunny Isles Beach, Florida

Publicado por

Adat Achim Synagogue

Sunny Isles Beach, Florida

http://www.rabbiraw.com/

Layout

Andrew Robinson

Editor

Susan McDonald

A mi amada Esposa, Jesse

y a mi bella hija, Sophie

A todos que desafiaron cambiar su destino

Reconocimientos

En América, nosotros idealizamos la era de 1950 como el tiempo del materialismo, cuando la economía estaba en auge y era fácil para cualquier persona tener una linda casa pequeña con su cerca de vallas blancas. 1960 fue conocido como el tiempo del exceso social y la economía siguió creciendo. Muchos países enfrentaron a la recesión económica en los 1970, junto con un incremento en el desempleo. Entonces en 1980, la economía Americana volvió a crecer y las industrias Americanas experimentaron una sensación de libertad. Con la nueva libertad, surgieron nuevas riquezas en 1990 y la pequeña casa con la cerca de vallas blancas ya no fue suficiente. Este tipo de ambición creó una burbuja en el mercado de valores a principios del 2000, llevando esta burbuja a la venta de propiedades en el mercado al final de la década.

Actualmente nos encontramos en la segunda década de este nuevo milenio, una era de incertidumbre y recesión, pero también un tiempo de oportunidades y nuevas fortunas. Durante todas aquellas épocas, los valores cambiaron, pero una cosa se mantuvo constante – la habilidad de la gente judía para prosperar durante cualquier tipo de circunstancias. Considerando este tiempo de incertidumbre, el conocimiento que se transmite en este libro es más importante que nunca.

A través de este libro, quiero resaltar que ha habido muchísima gente quienes gustosamente comparten con mi persona sus victorias y sus caídas, asi como las lecciones aprendidas y por ello estoy muy agradecido. Desde mi juventud hubieron muchos rabinos quienes me guiaron pero quiero hacer un reconocimiento al Rabino Avraham Lipsker por su habilidad de enseñarme las conexiones que existen entre el cielo y la tierra y el profundo impacto que tienen en nuestras vidas. Varios congregantes en mi inicio de mi carrera tales como el Senador Marshall Rauch y su inolvidable esposa Jeanne compartieron conmigo todo lo que conocían sobre como manejar sus finanzas personales y el propósito de la fortuna. En mis 30, el Juez Charles Pickering me enseñó como ser un orgulloso Americano. Al final de mis 30, conocí a Larry y

Sandy Hudson quienes a pesar de su tragedia personal, siempre fueron muy generosos con su tiempo y talento. Hoy, cuando me acerco ya a los 40, sé que he tenido la fortuna de tener el soporte de muy buenos amigos, quienes han contribuido a este libro.

A todas las personas que creen en el Sueño Americano, les aconsejo leer este libro y usar sus enseñanzas para la mejora de sí mismos y de nuestro mundo.

Contenido

Introducción

Cuando llegué a los Estados Unidos a mediados de mis veinte, hablaba muy poco Inglés y sabía muy poco acerca de la economía Americana. Después de terminar mi escuela rabínica y haber encontrado mi primera posición como rabino, me sentí como cualquier otro graduado al recibir su primer salario. Aunque no fue probablemente una cantidad considerable de dinero, para mí fue como si lo fuera mucho, y tuve temor, pues no sabía qué hacer.

Era muy joven y solo y no tenía idea como manejar mi dinero. ¿Cuanto debería gastar al comprar un automóvil? , ¿Cuando debería gastar en comprar una casa y como debería pagarla? , ¿Como manejaría mi jubilacion?, ¿Como saber si iba en la dirección correcta?

Todas estas preguntas significaban que yo estaba realmente buscando algo, una meta: ¿Como hacer las cosas que me ayudaran a encontrar la prosperidad? Usualmente cuando hablamos de prosperidad financiera, estamos buscando esta a nivel material. Pero la verdadera prosperidad es algo que viene desde un nivel espiritual y si se maneja adecuadamente, se transfiere al mundo material. El día que podamos entender y conectarnos con el verdadero significado de este concepto, ese día seremos capaces de obtener y mantener la prosperidad con nosotros.

Y entonces empezó mi misión. Empecé haciéndole preguntas a hombres de negocios, doctores, abogados, políticos – una gama total de individuos que yo podía encontrar en mi sinagoga. Me di cuenta que mis congregantes eran más que felices de poder compartir sus éxitos y fracasos con el rabino. En realidad, muchos de mis congregantes vinieron a mí con sus problemas y como fueron exitosos en resolverlos relacionados con sus propias finanzas personales. Lo que empezó como un interés en como manejar mi dinero se volteó hacia una riqueza de información basado en experiencias personales de innumerables personas que acumulé durante años.

Así fue como organicé todos estos consejos acerca de como lograr la prosperidad en un sistema llamado Los Secretos de la Riqueza Judía.

Si usted sigue estos simples consejos, usted llegará a tener control de sus futuras finanzas, y probablemente será capaz de acumular millones y millones de dólares. Estos consejos no son solo acerca del dinero, sino también acerca de su propia disciplina y la prueba de amor entre usted y su familia. Mientras vaya mostrando estos consejos de la sabiduría de la gente Judía, podrá apreciar que aplican para cualquier religión o nivel económico. Este es el sistema financiero más antiguo de la historia y el único que ha sobrevivido en el tiempo.

Mi pueblo ha tenido más conocimiento de como manejar el dinero que otra gente en la tierra. No es solamente un estereotipo. He viajado por el mundo, y donde quiera que voy, los Judíos son siempre identificados como el sector más afortunado de las personas que reciden en los países. Durante los últimos 2,000 años, los Judíos han sido expulsados o apartados de casi todos los países del mundo, pero una y otra vez, han sido capaces de restablecerse, empezar de la nada y construir una significativa fortuna en nuevas tierras. A pesar de haber sido expulsados de nuevo, repiten el proceso desde el inicio y vuelven a ser exitosos. Hoy, somos las únicas personas que somos más propietarios de equipos de deporte profesional que jugadores en los mismos. Esto es parte por lo que la gente Judía atrae la atención negativa debido a su capacidad de manejar el dinero. Expresiones despectivas como "Abajo con los Judíos" también reflejan este sentimiento negativo. En este libro, voy a explorar brevemente el origen de estos estereotipos y como la sabiduría de estos consejos que han pasado de generación en generación, habilitan a innumerables personas a construir una fortuna financiera y prosperidad personal.

Más importante aun, revelaré estos consejos eternos en un programa simple, con pasos esenciales que espero pueda cambiar la manera en que ve sus finanzas y como manejar su dinero para siempre.

He escrito este libro para que otras personas quienes quieren prosperar y vivir el Sueño Americano tengan las llaves correctas en sus manos. Les deseo éxito en lograr sus sueños.

Al iniciar esta travesía recuerde que mientras los Cristianos dicen "Jesús salva", los Judíos dicen "Moisés invierte".

Rabino Celso Cukierkorn

1

Llenar el vacío sin vaciar sus bolsillos

Se ha preguntado ¿por que su situación financiera no ha mejorado aun cuando hace más dinero ahora que el que hacia cuando era joven?

Se ha preguntado ¿por qué tan pronto como usted empieza a ganar más dinero, todo parece estar bien, pero luego se da cuenta que no funciona de esa manera? Tal vez maneja un mejor automóvil, viste ropas más elegantes y va a restaurantes mas finos pero financieramente no ha avanzado más que antes.

Quiero compartir una historia de un buen amigo mío, Mark, quien vive en la Florida. Lo conozco por más de ocho años y usualmente navegamos juntos en su bote. Mark parece de esas personas que salen de un comercial de televisión. Es alto, bronceado, delgado y usualmente bien vestido. Todos conocemos a alguien como Mark – alguien que parece tenerlo todo.

Un día, me detuve a visitar a Mark y supe que se había divorciado por segunda vez. Esta vez no salimos a navegar, pues su bote había sido vendido. Su lindo BMW convertible había sido reposeído, pues no podía hacerle frente a sus pagos. Se había mudado de su condominio de dos cuartos con vista frente al mar a un pequeño apartamento. Cuando lo encontré, estaba muy deprimido. Me dijo que su vida había dado un giro hacia lo peor y no sabía que hacer. Estaba casi en lágrimas.

El es un hombre que ha generado muchísimos ingresos en su vida, pero siempre había permitido a las *apariencias* definirlo y controlarlo. Como muchas otras personas, Mark había vendido su apartamiento en la bahía para mudarse a un nuevo y más agradable edificio. Estuvo muy entusiasmado pues pudo vender su propiedad por el cual había pagado $180,000 por $250,000. Mark compro un nuevo apartamiento con vista al mar por $785,000, financiando la diferencia. Como todos sabemos el mercado de Bienes Raíces cayó en picada y su apartamiento de $785,000 no vale ni siquiera la mitad el día de hoy, y por su crisis financiera, Mark no puede hacerle frente a la hipoteca del apartamiento. Ahora que perdió su dinero ha perdido también su autoestima.

En realidad, somos un poquito como Mark. Usamos dinero que no tenemos para impresionar a los demás, a ciertas personas que ni siquiera los queremos. Compramos cosas que nos hagan ver "cool" y nunca decimos no a cenas con los amigos.

Si no tenemos el efectivo o el dinero en el banco para pagar nuestra parte de la factura del restaurante, vamos de cualquier manera y usamos nuestras tarjetas de crédito para pagar por ello. ¿Cuántas veces hemos comprado cosas que no necesitamos o ropa que nunca nos pondremos, simplemente porque sentimos una urgencia imperiosa de hacerlo y no somos capaces de resistirlo?

Cuando hacemos esas cosas, estamos en realidad llenando un vacio de nuestras vidas con deudas. Es un proceso lento pero seguro de auto destrucción, y que nos llevará paso a paso a una total depresión y pobreza. Lo que debemos aprender es tratar y responder a este tipo de situaciones en una forma que brinde luz y prosperidad a nuestras vidas y no más caos.

Imaginemos por un momento que existen dos seres viviendo dentro de nosotros. El primero es la Bestia, Esta es la parte de su alma que controla sus apetitos – su avaricia, su hambre por posesiones materiales, su necesidad de gratificación al instante. El vive profundamente dentro de nuestro estómago y desea engordar. Entre más gordo se hace, mas nos hace lentos. Su agenda es traer caos a su vida. En realidad, la Bestia fue creada para servir como un balance de contrapeso de su segundo ser interno, su Angel. Su Angel conoce las cosas correctas que debe hacer, pero algunas veces la Bestia lo vence.

La Bestia quiere ser alimentada constantemente, pero no quiere cero interés en un préstamo de carro, o un TV de plasma con seis pagos libres de interés. El se alimenta de su reacción hacia nuevas golosinas, y en la forma en que usted reacciona antes sus apetitos.

A la Bestia le gusta ver sus ojos brillar cuando ve algo que a usted le gustaría comprar, y crece cuando usted entrega su tarjeta de crédito, aun cuando su Angel le está diciendo que se vaya pues simplemente le esta agregando mas deuda. Y para hacerlo peor, la Bestia le insiste que usted necesita eso HOY, no dentro de un mes, cuando usted lo haya presupuestado y pueda pagarlo de contado.

Siempre existirán negocios y compañías tratando de hacer dinero en su beneficio, pero ese no es el problema. El verdadero problema es que usted está alimentando a la Bestia. Usted le está permitiendo correr libremente y vencer a su Angel, y eso se refleja en su vida financiera. Es la razón por la cual su cheque de pago viene y se va y hace la prosperidad imposible.

Ahora hagamos algo diferente. En vez de alimentar la Bestia a costa de su futuro, tratemos de controlar la Bestia y pongámosla a trabajar para usted no contra usted.

La primera cosa que debe hacer es mirarse a si mismo y entender que usted es igual de responsable por sus éxitos como por sus fracasos. Recuerde a mi amigo Mark y lo desesperado que estaba. No creo que exista bote o auto deportivo en el mundo que valga su paz mental. Recuerde que las cosas más importantes de la vida son gratis. Todo lo que necesita es la paz mental para disfrutarlas.

Entonces, ¿qué va hacer la próxima vez que tenga una necesidad fuerte de comprar algo? Recuerde que el mayor ejemplo de estupidez es hacer la misma cosa y esperar diferentes resultados.

La próxima vez que piense en comprar algo caro, quiero que deje la tienda y piense en la compra por una semana. Ignore la Bestia, quien le hace atractivo tener una satisfacción instantánea. ¿Realmente necesita usted esto, o solo lo quiere? Cuando compramos cosas que no necesitamos, nos sentimos culpables cuando llegamos a la casa, y ese sentimiento de culpabilidad puede alejarnos de disfrutar nuestra compra. Es la Bestia digiriendo su victoria.

Creo que la verdadera definición de riqueza es amar lo que se tiene en vez de lo que no se tiene. Recuerde, comprar algo no es el problema. El problema viene cuando creemos, por el momento, que el objeto que compramos nos va a hacer felices.

Recuerde

Aprender a controlar su necesidad para una satisfacción instantánea por medio de domar a su Bestia interna, escuchar a su Angel.

Piense antes de comprar. ¿Necesita el objeto, o simplemente lo quiere?

2

Viendo su riqueza desde el punto de vista de Dios

A través de los años, diferentes grupos han sido llamados a sí mismos víctimas. Algunos han venido de guerras y masacres. O son minorías o esclavos. Pero los Judíos, quienes han sido víctimas a través de la historia, no se ven a si mismos como víctimas. Nos vemos a nosotros mismos como sobrevivientes. La diferencia entre sobrevivientes y victimas es los que sobrevivientes continuan con su vida después de la tragedia, mientras que los victimas continuan lamentándose en su propia desgracia.

Describiendo la creación del hombre, la Tora dice, "El Señor Dios formó al hombre del polvo de la tierra y sopló en el la exhalación de la vida". Es interesante notar que la palabra Hebrea para *formó*, la cual es *vayizer*, fue mal interpretada en la Biblia, usando la letra *iud* en Hebreo dos veces.

La palabra *vayizer* puede también significar *inclinaciones* y de lo que nosotros entendemos, cuando el hombre fue formado, que el tuvo dentro de sí dos inclinaciones completamente diferentes.

La primera es la inclinación hacia la propia destrucción, que puede llevar al alcoholismo, uso de drogas, y caída financiera. Esa es su Bestia interna que hablamos en el capitulo anterior.

La otra inclinación – su Angel interno – es exactamente lo opuesto. El Angel lo guiará a dar tzedakah (caridad), cuidar de su familia, hacer cosas buenas a los demás, trabajar, comer comida saludable y rechazar el deseo de satisfacción inmediata dado a usted por la Bestia.

Su Angel solamente tiene una función. El trabajo de su Angel interno es pelear cada pequeña batalla para asegurarse que usted es capaz de cuidarse a sí mismo y a su familia.

Recuerde la voz silenciosa en su cabeza cuando usted está con un vendedor de autos, persuadiéndolo a no comprar el nuevo modelo caro que usted no puede enfrentar. Ese es su Angel, ayudándolo a hacer las cosas correctas y Ud. pueda cuidar de usted y su familia.

Nuestro mundo constantemente grita que usted necesita objetos. Viene de todas partes – televisión, radio, revistas, presión grupal y aun de usted mismo. Seguir esas voces y esas de la Bestia que vive dentro de nosotros, solamente le servirán para guiarlo a Egipto, y lo ira llevando a mas dificultades con cada año que pasa.

Por otro lado, si usted escucha a su Angel, el lo guiará hacia el círculo de la prosperidad, la Tierra Prometida, un lugar en el cual su vida será mejor. La prosperidad estará en todas partes y usted estará fuera de Egipto para siempre.

Recuerde que a pesar de todo, usted nunca será capaz de matar a la Bestia, aun la Bestia no es capaz de matar al Angel dentro de usted. Con el tiempo, la voz del Angel se hará más fuerte y más fuerte, guiándolo a la Tierra Prometida que está esperando por usted.

Recuerde

Escuchar a su Bestia lo guiará directo a Egipto. Mientras que volviéndose hacia la voz de su Angel lo ayudara a encontrar la prosperidad.

No es necesario dejarse llevar por las presiones impuestas por la publicidad, sus amigos o familia.

3

Trabajando con las Fuerzas del Universo

Los americanos han seguido en corrida hacia el colapso financiero. Dejemos de seguirlos y vamos en otra dirección.

Conozco mucha gente que le gusta gastar el dinero como si fueran a estar fuera de moda. Algunos aman la ropa, otros parece que necesitan lo último en aparatos electrónicos, y algunos prefieren comer en los restaurantes más caros.

Todos nosotros tenemos al menos una cosa que nos tienta. Desafortunadamente, vivimos en una sociedad de gente quebrada ostentosa – personas quienes tienen que verse yendo a los más caros bares que ellos no pueden pagar, usar ropas que están fuera de su rango de precios, o manejar autos nuevos lujosos. Esta gente está viviendo detrás de sus sentidos y reemplazan al "villano idiota" como la burla de la ciudad. Hoy, demográficamente, parece que tenemos más idiotas que villanos, por si no lo han notado.

Este comportamiento autodestructivo está llegando a ser más común ahora en nuestra sociedad debido a que nos gusta mantenernos como nuestro vecinos. No consideramos en este momento el factor que los chicos de los vecinos no irán a la Universidad, y no serán capaces de jubilarse con dignidad. La vida debe ser mejor que eso.

Permítame darle un mejor ejemplo. Veamos a los Steins.

Un día, estaba trabajando en mi estudio y recibí una llamada de un buen congregante quién, con su esposa, querían verme. Ambos están en los ochenta. Ellos querían hablar de un tema familiar, entonces pacte una cita con ellos.

Cuando llegue a su casa, el señor Stein me informa que su nieto había sido aceptado en la Universidad Ivy League que costaría más de $100,000. Los Steins ¡querían pagar por ella! Yo me quede atónito que este hombre un vendedor retirado y agente de seguros, y su esposa, una maestra retirada, podrían considerar eso como un gesto. Definitivamente ellos no tenían $100,000 en efectivo para pagar los estudios de su nieto, entonces ¿de dónde planeaban obtener el dinero?

La señora Stein dijo algo que me dejo mas perplejo."Queremos colocar a nuestros otros cinco nietos en la Universidad también."

Les pregunte, ¿como planeaban hacer esto – tal vez con un préstamo o una subvención? A este punto, yo asumí que ellos me preguntarían mi consejo de donde ellos pudieran encontrar un préstamo.

"Voy a pagar con efectivo" dijo el señor Stein.

"¿Por qué va hacer eso?" le pregunte.

"Mis hijos no son muy pudientes, por eso mi esposa y yo queremos ayudar" respondió.

Aun escéptico de como el iba a conseguir esa cantidad de dinero, le sugerí que su nieto podría aplicar por una beca. La señora Stein replicó "ellos no califican pues mi hijo es doctor y mi hija está casada con un abogado. Sus ingresos son muy altos".

"Estoy un poco confundido" dije. "Espero no ofender por lo que voy a decirles, pero por favor me pueden explicar ¿como dos personas retiradas podrán hacer el pago de los estudios universitarios de sus nietos? ¿Qué va a pasar con su propio futuro?

El señor Stein replicó: "Tenemos suficiente dinero. No lo llamamos para que nos diera un consejo financiero. Sabemos que su esposa fue a la Universidad Ivy League y queríamos saber si era realmente un precio justo."

En las siguientes semanas, continué pensando en los Stein y me maravillaba en como hubieran acumulado esa cantidad de dinero con ingresos relativamente pequeños. Un día, después del servicio, los invité a mi estudio y les pregunté si les importaba compartir conmigo en como lograron acumular esa fortuna. Ellos me contaron como ellos habían ahorrado millones en una forma práctica y simple.

Aunque yo estaba correcto acerca de mi suposición acerca de que los Stein trabajaron en puestos de salarios relativamente promedio, estaba absolutamente incorrecto acerca de sus conocimientos financieros. Los Stein deberían tener algún tipo de habilidades financieras increíbles y una disciplina que los llevó a ellos a una posición donde ellos podrían ser una bendición para ellos mismos y hacia los demás.

Al principio asumí que tal vez ellos tenían algún tipo de dinero heredado, pero inmediatamente me dijeron que no. Ambos padres de ellos eran inmigrantes de Europa del Este quienes vinieron a América y trabajaron fuertemente por el poco tiempo de vida que les quedaba. El señor Stein me explicó que sus padres vivieron con ellos mientras estuvieron vivos, y la madre de la señora Stein también vivió con ellos hasta que murió hace poco. Ninguno de ellos estuvo en una posición como para dejar una herencia.

Entonces el Señor Stein me contó que ellos habían aprendido de sus padres que cuidarse unos a otros, guardar dinero para el tzedakah y para la educación de sus hijos eran los más importantes valores. Justo como sus padres antes que ellos, ambos de los Steins trabajaron fuera de la casa, ganando dos salarios, pero viviendo con un salario y ahorrando el otro.

Le pregunte a los Stein ' ¿Como podían vivir con solo un salario?" La respuesta del señor Stein fue simple: muchos de sus amigos eran solteros o sus esposas se quedaban en la casa, si ellos podían vivir con un salario, los Stein podrían hacer lo mismo.

"Con solo el hecho de seguir el consejo de nuestros padres, retamos a la sociedad de nuestros tiempos" me dijo. "Mientras que nuestros amigos rentaban Buicks nuevos, nosotros manejábamos nuestros carros por 10 o 12 años. Nuestros amigos compraban una nueva casa cuando un niño nacía, pero nosotros lo que comprábamos era una cama marinera para el cuarto de los niños".

El señor Stein me explicó que estos simples guías le dieron tranquilidad y ayuda durante los buenos y malos tiempos. Cuando otras personas estaban preocupadas acerca de perder sus casas, sus trabajos y sus vidas como ellos las conocían, los Stein tenían paz mental y la habilidad de comprar propiedades, fondos mutuos, y acciones a una fracción del costo promedio.

En realidad, Rabino, interrumpió la señora Stein, " lo que está diciendo mi esposo es que nuestros padres en realidad nos dejaron una herencia invaluable – una herencia de la Torah"

Y con esta declaración, me vino a la mente que la mayoría de las personas tratan de *verse* fuertes, honorables y fieles seguidores de su fe, mientras que ellos están realmente adorando ídolos como un BMW, Mercedes o Rolls Royce. Pero la gente que ha honrado los deseos de sus padres y que más de cerca han seguido la Torah han invertido en la esencia de lo que son. Invirtiendo en sus familias y sus comunidades, no solamente han tenido una mejor vida, ellos han podido hacer lo que realmente deben hacer, ser mejores seres.

Ahora por supuesto que existe gente que son demasiado cautelosas de como gastar el dinero pues tienen miedo de terminar como indingentes. Es como si tuvieran un escorpión en el bolsillo que está listo para picar si ellos echan mano del dinero.

Si usted es un comprador compulsivo o se comporta como si el dinero está guardado por una criatura venenosa, que pierde balance –sea fuerte. He escrito este libro para quien quiera learlo pero especialmente para aquellos quienes buscan saber como hacen los Judíos para ser fuertes y balanceados en como ellos manejan sus finanzas.

Aprendiendo estas verdades eternas, no solamente preparará a su familia para un mejor futuro y cambiará la historia de su familia para siempre, sino también dará la confianza en sí mismo que necesita. Usted se despertará todos los días ansioso de estar vivo, y saber que el hoy es mejor que el ayer y que mañana será mucho mejor que hoy. Usted estará conectado con la cadena de la prosperidad.

Aquí están algunas preguntas que quiero que piense. Contéstelas ahora, entonces revíselas de nuevo luego de haber leído este libro y verá como las respuestas han cambiado.

1. ¿Está feliz con su vida financiera?
2. Si usted continúa en la forma que lo está haciendo ahora, ¿Dónde se ve en cinco o diez años?
3. ¿Sabe como llegar al nivel financiero que desea tener?

4. ¿A qué edad le gustaría jubilarse?
5. ¿Piensa que usted es realista acerca de su retiro y el fondo para la universidad de sus hijos?
6. ¿Está seguro que cuando se retire tendrá varios millones de dólares ahorrados para su retiro?
7. ¿Sabe el monto exacto de dinero que tiene en su chequera y en otras cuentas bancarias?
8. ¿Sabe realmente cuanto le cuesta vivir en un mes promedio?
9. Cuando usted compra un objeto tal como un auto o una casa, sabe si el precio está en su rango?

Si tiene problemas contestando cualquiera de estas preguntas, debería leer este libro. Aprenderá a manejar sus finanzas en una forma muy excitante. Si a usted le gustaría conocer que mañana va a ser mejor que hoy, y que el sol siempre brillará en el futuro , respire profundo ahora, porque esta por empezar el viaje de la vida – la suya!

Hasta ahora, su dinero le ha dicho que hacer y como trabajar. Ahora le vamos a dar la vuelta. Conocerá como decirle a su dinero que hacer y como debe trabajar para usted.

Recuerde

No es necesario ganar una gran cantidad de dinero para construir riqueza. Aprenda a vivir con menos.

No sea un avestruz cuando se habla de su vida financiera. Esté alerta de su estado actual financiero y piense conscientemente acerca de donde quiere estar en el futuro.

4

Presupuestando: Aprendiendo a vivir a la manera de Dios

Como nosotros lo entendemos, todo está en la Biblia por una razón – enseñarnos una lección. Por consiguiente, al principio de la Biblia, vemos como Dios asigna Su tiempo al trabajo y guarda Su séptimo día para descansar, o retiro. El concepto de presupuesto fue creado por Dios para darnos una vida de prosperidad en el mundo que El creó para nosotros, por lo cual debemos aprender a presupuestar para emular a Dios en nuestra vida financiera.

En la Biblia, cuando Dios hizo una alianza con Abraham, el sacó a Abraham del mundo pagano. El sistema pagano era tan que si nacías pobre, serias pobre toda tu vida, y si nacías rico, serias rico toda tu vida.

Sin embargo, en su alianza, Dios le dijo a Abraham, "Vas a crecer y prosperar". Y esta se convirtió en su bendición, un raro y drástico cambio que tuvo lugar en la vida de Abraham, haciéndolo diferente de los paganos. Los paganos no entendían la prosperidad. Ellos vivieron con el pan en la boca y no sabían otra forma de vida.

En el mudo actual, la gente nace en diferentes circunstancias, pero no como los paganos, cada uno de nosotros tenemos la oportunidad de cambiar nuestras circunstancias basado en nuestras acciones. Algunos quienes han nacido en familias que están en el nivel más bajo del espectro económico, han manejado y creado enormes riquezas y prosperidad para ellos mismos y sus familias. Otros que han recibido tremendas fortunas y oportunidades, las han derrochado tomando las decisiones erróneas. Muchos de ellos han permitido a su Bestia interna controlarlos y han terminado con nada.

Si usted vive con el pan en la boca y no ha podido prosperar, usted vive en el ciclo pagano. Hacer cambios no es fácil de hacer, pero la mayoría de las cosas correctas no son fáciles de hacer, y es necesario hacerlo si quiere romper su ciclo. Lo primero que debe hacer es aprender a crear un presupuesto y apéguese a el.

Comprando Cosas

En el Cántico de los Cánticos, hay un verso acerca de unas pequeñas zorras que corren entre los viñedos. Los dueños de los viñedos de tiempos de la Biblia no les tenían temor a los grandes animales como osos o venados porque era fácil de verlos y deshacerse de ellos. Pero las pequeñas zorras podían entrar por diminutos agujeros en las paredes o las cercas y dañar el viñedo completo, arruinando meses o años de trabajo. Es por ello que nos dice que seamos temerosos de las pequeñas zorras.

Para usar una ilustración similar del mundo actual, piense acerca de las historias que ve en su noticiero local o nacional todas las tardes. Nos hablan de tragedias masivas tales como terremotos, huracanes, tormentas o inundaciones. Ellos toman todos los titulares porque causan demasiado daño, pero esos noticieros no le toman mucha atención a otro tipo de tragedias que pueden ser como el daño a la estructura de una casa que puede ser similar a un tornado, hecho por las termitas. Estos casi invisibles insectos silenciosamente destruyen casas y desplazan millones de familias cada año, pero raramente oímos de ello. Muchos de los grandes problemas vienen de las cosas pequeñas.

Igual que esos viñedos antiguos y las estructuras de las casas modernas, existen pequeñas zorras y termitas en nuestras vidas financieras. En el día a día, no estamos seducidos por un deslumbrante Ferrari nuevo o una casa de $10 millones. Son las pequeñas zorras – compras personales, premios no merecidos y la necesidad de satisfacción instantánea – que lentamente se come nuestro futuro financiero.

Por ejemplo, un sándwich hecho en caso sabe igual o mejor que uno que compra en un deli por $7. En realidad, por los mismos $7, usted puede comprar suficientes ingredientes para una semana entera de sándwiches. ¿Qué sucede con la compra de un CD porque le gusta una canción que está incluida? O la compra de ropa pues está en "Liquidacion" pero que nunca va a usar.

Y que acerca de un caro paquete de cable, que incluye los canales Premium que paga todos los meses aun cuando usted solamente ve algunos canales constantemente. Tal vez tiene extras en su plan del teléfono celular que nunca usa. ¿Está rentando, o peor aún, comprando videos que usted podría sacar de una librería sin ningún costo?

Y las películas que paga el precio total en el cine cuando puede ir a verlas por menos dinero a la hora de la matiné. Y esas películas no son divertidas sin un balde de palomitas de $5 y una bebida de $4. Esas son pequeñas zorras – la Bestia dentro de su estómago.

Nadie dice que todo debe ser trabajo y nada de diversión. Todo el mundo se merece diversión. Amo ir a lugares y hacer cosas, pero no a costas de mi futuro financiero.

El Rabino David Bockman nos cuenta una historia de un anciano Indio Americano. El anciano describía su lucha interna de esta forma:

"Dentro de mi existen dos perros. Uno de ellos es especial y bueno. El otro malo y demoníaco. El perro malo pelea todo el tiempo con el perro bueno"

Cuando le pregunto cual perro gana, reflexiona un momento y repica "al que yo alimenté más"

¿Cuál de sus perros internos alimenta usted más? El que quiere todas las cosas ya, a cualquier costo o consecuencia, o al que está al tanto de su futuro financiero?

Una técnica que yo desarrollé es preguntarme a mi mismo si tomo las cosas materiales por un hecho, por ejemplo, amo la televisión por cable. Los quiero todos – HBO, Sundance, todo. Algunas veces, cuando pienso que estoy tomando los canales de cable por un hecho, cancelo los extras por un tiempo. Cuando vuelven, me siento agradecido y asombrado, y ya no tomo esos lujos por un hecho.

Podemos aprender una lección de la palabra Judío que viene de la palabra hebrea *todah* o *gracias*. Nuestro éxito y nuestra alegría crecen cuando apreciamos las cosas que tenemos.

Una vez, alguien le preguntó a un viejo rabino, quien hizo su vida enseñando Hebreo, que haría si tuviera tanto dinero como

Donald Trump. El contestó "Si tuviera el dinero de Donald Trump, sería más rico que Donald Trump pues enseño Hebreo como algo adicional"

La historia no enseña a pensar en pequeño. Es el opuesto a los comerciales televisivos que nos retan a comprar una casa sin prima. Pensar en grande para hacer mucho dinero suena bien cuando alguien se lo dice, pero no es tan bueno si las pequeñas zorras continuan comiéndose todo lo que usted gana.

Bases de Presupuestar

Presupuestar es básico para la seguridad financiera. Es la única manera en que usted puede examinar honestamente su situación financiera y evaluar donde está. Le dice si está gastando demasiado y le permite reevaluar y volver a estar en línea.

Empiece por ver la diferencia entre lo que quiere y lo que necesita. Su primer paso es ver con ojo crítico sus gastos y trate de entender hacia donde se va el dinero actualmente.

Empiece por controlar sus gastos durante los próximos 30 días y colóquelos en el cuadro adjunto. Algunos de ellos serán gastos fijos como pagos de alquiler e hipoteca, otros serán variables, como facturas de dentista o mantenimiento del carro.

Gastos Mensuales

Comida	
Hipoteca / Alquiler	
Artículos varios	
Teléfono	
Electricidad	
Agua	
Recolección Basura	
Gas	
Cable	
Impuestos/Seguros	
Pago del Auto	
Celular	
Médicos/Dentistas	
Pagos a Tarjetas de Crédito	
Ropa	
Gastos Niños (Escuela, Cuidado, Entretenimiento, Etc.)	
Regalos de Caridad	
Fondo Shalom	
Fondo Universitario	
Fondo de Retiro	
Total	$

Ingresos Mensuales

Cheque (neto)	
Seguro Social	
Pensión	
Devolución Impuestos	
Incapacidad	
Dividendos de Inversiones	
Ingreso de Alquileres	
Pensión Alimenticia	
Cheque por Desempleo	
Pensiones Anuales	
Fondos Mutuos	
Regalos	
Total	$

Cuando lo pone todo junto, ¿se sorprendió de lo que aprendió? ¿Está gastando $15 por mes por usar el ATM? ¿Está pagando por revistas que no lee?

Tener una fotografía real de cuanto dinero se va y a donde se va es enormemente liberante pues le da la oportunidad de cambiar cualquier hábito de gasto que simplemente no están trabajando para usted, y le muestra que es lo que usted puede recortar si está gastando más de lo que gana, el cual es el caso de mucha gente.

Puede que sea doloroso pensar en dejar atrás sus canales Premium de cable o comer en restaurantes por algunos meses, pero deje que su Angel interior lo guíe. En vez de sentirse resentido por las cosas que está perdiendo, enfóquese en que también se sentirá al estar en control de sus finanzas en vez de preocuparse acerca de como va a pagar sus facturas el próximo mes.

Recuerde

Con cuidado monitoree sus ingresos y gastos para poder tener una fotografía clara de su situación financiera y encontrar formas de bajar sus gastos.

Esté al tanto de las pequeñas zorras que podrían comer su salud financiera.

5

Su Riqueza escondida

Shalom significa paz, pero paz es solo una parte del significado real de la palabra. La raíz *shalem* significa completo.

El sistema que Dios nos ha dado es un sistema holístico. Es por ello que la Torah está enfocada en como tratar a los demás, que comer, como comportarse, y en como producir, manteniendo y compartiendo la riqueza. La palabra shalom no recuerda que nosotros no vivimos en paz hasta que no tengamos completo cuidado en todos los aspectos de nuestras vidas.

¿Conoce la diferencia entre la gente que son afortunados y los que no? Las personas afortunadas hacen una cosa que hace la mayor diferencia.

¡Ellos se pagan a sí mismos primero! Haga de esto un hábito y constantemente construirá su riqueza.

Le recomiendo que empiece inmediatamente a construir su Fondo Shalom. Lo llamo así pues una vez que lo establece, le dará la paz mental que cosas superfluas nunca le darán.

Ahora que ya ha entendido cuáles son sus gastos mensuales – y tal vez decida donde puede ahorrar dinero manteniendo esas pequeñas zorras fuera de su viñedo – debe saber cuanto de su cheque le puede quedar. Cada vez que pague algo, páguese a usted primero colocando de lado un cierto monto de dinero para una cuenta de ahorro o una cuenta en el mercado de valores. Este va a ser su Fondo Shalom, y este le servirá si tiene una emergencia.

Ponga lo más que pueda en su Fondo Shalom hasta que haya acumulado suficiente por lo menos para siete meses de sus gastos básicos de la casa. Entre más estire su presupuesto, mas rápido podrá lograrlo. Esta es la parte más difícil del programa, pero es necesario empezar ya.

La buena noticia es que si usted coloca su Fondo Shalom en una cuenta en el mercado de valores, su dinero empezará a crecer por sí mismo con el milagro del interés compuesto.

El interés compuesto significa que usted gana rentabilidad de sus ahorros originales, y también en los intereses ganados cada vez. Hagamos un ejemplo pequeño. Suponga que coloca $100.00 en el mercado de valores que paga un 3 por ciento anual. Al final de un año, tendrá ganados $3.00 en interés y en su cuenta tendrá $103.00. El siguiente año usted ganará un 3 por ciento de interés sobre $103.00, lo que llevará a su cuenta a $106.09.

No mucho dinero, ¿verdad? Pero usted no va a depositar los primeros $100.00 y olvidarse del asunto. Usted va a continuar depositando $100.00 cada mes, por lo que al final del año, ganará el 3 por ciento de interés de $1,200.00 - $100.00 por cada uno de los 12 meses desde que abrió la cuenta – mas todo el interés que su dinero haga durante el tiempo.

Un poco más adelante, hablaremos de como tomar ventaja del interés compuesto para hacer su dinero crecer mas rápido. Le mostraré como menos de $670.00 por mes se puede convertir en $4,375,906.00 y como $3,000 por año se pueden convertir en $2.6 millones. Por el doble de inversión, $5.2 millones. Pero por ahora, tenga claro que un Fondo Shalom debe de encontrarse en un lugar seguro, garantizado en una cuenta que gane el mayor interés que le sea posible.

Cuando tenga su Fondo Shalom satisfactoriamente, empezaremos a trabajar en eliminar sus deudas.

Recuerde

Páguese a usted mismo primero.

Construya un Fondo Shalom con al menos suficiente dinero para cubrir siete meses de sus gastos básicos para vivir.

Tome ventaja del interés compuesto para incrementar sus ahorros rápidamente.

6

Master de sus Tarjetas

Los Proverbios nos dicen "El deudor es el esclavo del prestamista". No tiene sentido que alguien quiera ser voluntariamente un esclavo, pero es exactamente lo que pasa en Los Estados Unidos hoy. Muchas personas han firmado para ser esclavos de las compañías de tarjetas de crédito.

De la Biblia, nosotros conocemos la historia de como la gente Judía fue esclava en Egipto y un faraón "que no conocía a José" llego al poder y empezó, paso a paso, a limitar los derechos de los Judíos con el fin de disminuir su valor.

Los Egipcios forzaron a los Judíos a superar grandes adversidades. Ellos les dieron a los hombres Judíos trabajos bien ligeros mientras que a las mujeres Judías les dieron trabajos agotadores como mover grandes piedras de una lado de la ciudad a la otra y viceversa. Los Judíos tuvieron que superar esas labores pues no tenían otra opción. Ellos desempeñaron las tareas pues sentían que su estatus como esclavos podría definir quienes eran más allá de su conexión con Dios.

Así mismo, mucha gente en nuestro mundo permite a otros que los definan como son. Es por eso que las personas van a fiestas aun cuando no pueden comprar un traje o una botella de vino como regalo, o ir de vacaciones con el dinero que no tienen.

Dios mandó a los Egipcios diez plagas que fueron incrementándose duramente, una tras otra, empezando por la sangre y terminando con la muerte del primogénito. Similarmente, las deudas empiezan al cargar unos cuantos dólares extra a nuestro crédito cuando queremos algo que no podemos pagar en efectivo, enseguida, podría ser la causa de una segunda hipoteca de nuestra casa. Las deudas pueden matar nuestro futuro y tomar nuestra casa con ellas.

Una escena interesante aparece en la Biblia después de las diez plagas. Los Egipcios habían esclavizado y humillado a los

Judíos, por eso fueron castigados severamente, devastando su economía y la vida como ellos la conocían, quitada por los efectos de las diez plagas. Pero cuando los Judíos se preparaban para salir de Egipto, los Egipcios les dieron a los Judíos todas sus joyas.

Si recuerda, esta era la gente que había perdido a su primer hijo. Este fue un increíble gesto de bendición hacia los que los habían maldecido. Hubiera sido muy fácil para los Egipcios haber caído en el modo de "víctimas", en cambio, fue mucho más desafiante para los Egipcios tomar esto como una experiencia que no querían que se repitiera.

Después de que los Judíos cruzaron el mar y el desierto, ellos llegaron a la Tierra Prometida. Exploradores fueron enviados a ver la tierra antes de asentarla. Cuando los exploradores volvieron, ellos reportaron que la tierra era de gigantes. "Los vimos a ellos y ellos nos vieron como si fuéramos saltamontes," dijeron.

Algunas veces cuando tomamos una decisión para hacer un cambio en nuestras vidas, nos sentimos como esos exploradores. Sin embargo, si usted le presta atención a las palabras de la Biblia, no eran los gigantes que vivían en la tierra de Israel quienes creían que los veían como saltamontes, era la percepción de los propios Judíos. Cuando vieron a los gigantes, ellos *creyeron* que era como saltamontes.

Así es como mucha gente va en la vida pensando acerca de si mismos como el más mínimo denominador. Ellos siempre se imaginan que la gente va a pensar o decir lo peor, Ellos evitan hacer una llamada por el temor de que la persona del otro lado pueda ser ruda, y puede que esa persona sea la llave para una nueva excelente oportunidad de trabajo.

Cuando usted se presenta como un extraño en una fiesta, posiblemente podría conocer un nuevo socio de negocios. Las oportunidades están por todas partes si estamos abiertos para ellas.

Al final del 1920, cuando el anti semitismo empezó a mostrar su cara fea en Europa, mis abuelos se acababan de casarse, y el día después de su boda mi abuelo se puso en camino hacia Brasil desde Polonia. Este era un viaje que, de acuerdo a lo que me contaba, tomaba tres meses. Viajó a una tierra donde no conocía nada y donde no podía ni hablar o entender el lenguaje. Una vez que arribó a la ciudad de Sao Paulo, Brasil, tenía el equivalente a $10 en sus manos. La primera noche, durmió en una banca del parque Jardins da Luz, en el centro de Sao Paulo.

El siguiente día, encontró un lugar en la ciudad donde otros Judíos se concentraban, y encontró un trabajo vendiendo corbatas en la calle. El lugar donde compraba el material para las corbatas también cortaba la tela, cosían las corbatas y las planchaban.

Un día, cuando estaba negociando el precio de las corbatas, el dueño de la fabrica le dijo que algunas de las partes de las maquinas de planchado necesitaban ser remplazadas. Las planchas eran operadas con carbón caliente todo el tiempo, y la parte que guardaba el carbón necesitaba ser reemplazada frecuentemente. El precio de esa parte había aumentado al doble y por lo tanto el dueño no podía darle el precio bajo por las corbatas a mi abuelo por más tiempo.

Esto le dio una idea a mi abuelo. El tomo el dinero que había ahorrado vendiendo corbatas y empezó a producir esta parte por sí mismo. Durante el día continuaba vendiendo corbatas y por la noche creaba un molde que pudiera producir esta parte para mantener el carbón y calentar las planchas en grandes cantidades.

Eventualmente, cuando tuvo suficientes mantenedores de carbón, visito a un mayorista de la ciudad y le ofreció partes para la venta, pero ninguno de los vendedores de la tienda le interesaba pues ellos compraban estas partes desde Alemania. Tal vez otra persona hubiera tirado la toalla en ese momento, o vender todas las piezas en una ganga. Pero contra todos los pronósticos, mi abuelo decidió continuar fabricando esos mantenedores de carbón para las planchas.

De alguna manera mi abuelo supo que fallar no era opción. Después de todo, su esposa estaba aun en Polonia, así como el resto de la familia. El sabia que dar por vencida su idea comercial era darse por vencido hacia ellos.

Y como pasó, la guerra empezó y todos los barcos de Europa no pudieron cruzar el océano. Ahora era el tiempo para que el volviera a los mayoristas.

Ofreció esta parte a la primera tienda en 12 centavos cada una y el tendero le dijo que a ese precio el podría comprarle todas las piezas que tuviera. Mi abuelo fue a la siguiente tienda y le dijo al dueño que las vendería por 15 centavos cada una, y el dueño también quería comprar todo su inventario. Entonces se fue a la tercera tienda, y las ofreció en 20 centavos, y ya en la última tienda, había vendido su inventario, no por 25 centavos, ni por 30 centavos, pero por 36 centavos cada una, tres veces el precio original.

Mi abuelo volvió de nuevo a cada una de las tiendas que había visitado y les mostro a los dueños cuanto había obtenido de sus productos. Los tenderos de los mayoristas le colocaron órdenes a 36 centavos la pieza. Seis meses después, el trajo a su esposa, su padre y once miembros de su familia inmediata a Brasil, salvándolos del Holocausto.

Mi abuelo creó una fortuna que le permitió vivir con lujos. El también construyó el primer centro industrial del area de Sao Paulo que eventualmente llego a ser uno de los más grandes centros de mayoristas en el mundo. Cuando mi abuelo murió, el dejo millones de dólares a mi familia como herencia. La herencia, sin embargo, no hubiera servido de nada si no nos hubiera dejado su legado de responsabilidad personal y ética de trabajo.

Al producir algo que nadie quería comprar, mi abuelo retó las convicciones normales. El creyó en si mismo mas que los tenderos creyeron en su producto. Mi abuelo se reusó a ser definido por otros, creando no solo un valor a su producto, sino para el mismo y su familia.

Conocer el crédito o no tenerlo

Una vez que realmente conozca como trabaja el crédito, probablemente nunca lo volverá a usar.

Una de las cosas que sabemos realmente acerca de las finanzas es que una persona sin deudas tiene un sentido de calma, seguridad y felicidad. Cuando tiene el chance de definirse a sí mismo, es importante que se defina como una persona sin deudas. Recuerde que nuestra última meta es no ser el próximo Bill Gates u otro super millonario. Nuestra meta es asegurarnos de dormir bien por la noche y que sea capaz de cuidar a su familia y jubilarse con dignidad.

Tan pronto que usted tenga una deuda con una tarjeta de crédito, será imposible que logre esas metas, es tiempo de ser el Master de sus tarjetas.

Robert Mc Kinley de Ram Research dijo que las compras con tarjetas de crédito en total son más de un trillón de dólares al año. Hoy el promedio que una familia Americana debe es más de $8,000 en deudas de tarjetas de crédito. Debido a que una deuda con tarjeta de crédito es tan insegura, el interés es usualmente muy alto.

Muchas personas no deberían tener tarjetas de crédito si no son capaces de controlar sus gastos. Creo que existen grandes ventajas en tener una tarjeta de crédito, pero siempre cuando pague el balance total cada mes. Esto debido a que el milagro del interés compuesto, que incrementa su Fondo Shalom más rápido, está trabajando en este caso contra usted.

Cuando usted tiene una deuda de tarjeta de crédito que no puede cancelar cada mes, no tardará mucho antes de que pague interés sobre interés. Si usted está pagando el 18 por ciento de interés en una tarjeta con la cual mantiene un balance, su deuda se duplicará en cuatro años. Esta volverá a ser el doble en los próximos cuatro años y el ciclo continua indefinidamente, haciendo casi imposible salir del hoyo que escavó con ayuda de las compañías de tarjetas de crédito.

Para empezar a eliminar sus deudas, acomode todas sus tarjetas desde las que tienen alta tasa de interés hasta la más baja, y empiece a pagarlas en ese orden. Por ejemplo, si usted debe $8,000 en una tarjeta con cargos del 18 por ciento de interés, debería pagar esta primero antes de preocuparse acerca de la deuda de $2,000 al 7 por ciento. Siempre pague la tarjeta con la tasa más alta de interés primero. Cuando su primera tarjeta ha sido pagada por completo, podrá empezar a pagar cada mes la tarjeta con el siguiente balance mayor, pero el dinero se asignará más rápido pues la tasa de interés es más baja.

También recomiendo que no use sus tarjetas de crédito siempre que tenga una deuda que no pueda pagar por completo cada mes.

Tal vez suena un poco contradictorio de mi parte recomendar que usar sus tarjetas de crédito, tiene algunas ventajas. Las tarjetas como tal no son el problema – es usted. Si usted no tiene suficiente disciplina para aprender cuando y como usarlas con responsabilidad, ningún plan financiero trabajará para usted.

Existen algunas ventajas de usar las tarjetas de crédito:

- Es permitido disputar cargos. Si alguien le extrae dinero de su cuenta de banco, se fué. Eso no con el área defensora provista por la tarjeta de crédito.
- Lo protegen contra un fraude. Una vez fui víctima de un fraude con tarjeta de crédito y alguien gastó miles de dólares con mi tarjeta, al final, no tuve que pagar un centavo. El fraude es más y más común en estos días, por lo que creo, que debemos tener tarjetas de crédito con protección contra fraudes. Chequee con su compañía de tarjetas de crédito que tan bien está cubierto contra fraudes.
- Pueden afectarle su habilidad para conseguir empleo. Antes de contratar a alguien, algunos empleadores chequean su crédito, el cual en parte es basado en información de su compañía de tarjetas de crédito. Su nota de crédito es considerado como un buen barómetro de si usted es o no responsable.
- Es muy difícil alquilar un auto sin una tarjeta de crédito. Algunas tarjetas de crédito ofrecen seguros a mucho más bajo costo que el que puede obtener con la compañía de alquiler de autos.
- Hoy la mayoría de las compañías de tarjetas de crédito ofrecen una variedad de planes de premios, desde gasolina hasta devolución de dinero. Por ejemplo, yo paso varios días en el Fountain Blue resort de Miami Beach libre de cargos. Busque cual es el plan de puntos que mejor encaja con usted.

Resumiendo, las tarjetas de crédito pueden trabajar con o contra usted. Pero el punto más importante a recordar es que usted es el único que puede definir quién es usted. Las cosas que usted puede escoger comprar no lo hacen a usted, pero el escoger como usar sus tarjetas de crédito sí. Le doy estos consejos para asegurarme de que sus tarjetas de crédito siempre trabajaran para usted.

Nunca es demasiado recordarle de nuevo que siempre debería tener el dinero en el banco para pagar la factura tan pronto le llegue el estado de cuenta. Algunas personas gastan más en tarjetas de crédito que lo que pagan en efectivo, pero creo que los que hacen eso no tienen el dinero y permiten a la Bestia interna controlarlos.

Mantenga al Faraón lejos de sus tarjetas de crédito gastando solo el dinero que tiene, no el que no tiene.

Recuerde

Existen muchas ventajas de tener tarjetas de crédito, pero solo si paga el balance completo cada mes.

Eliminar sus deudas en tarjetas de crédito es el paso más importante para poder llevar seguridad a sus finanzas futuras.

Page el total de las tarjetas de crédito eliminando el balance más pequeño primero, aplique ese monto que había estado pagando a su próximo balance de tarjeta.

7

Negociación: Conectándose con otras Almas

Si hay alguna cosa que nosotros los Judíos tenemos es la habilidad para negociar.

Una vez un hombre se acercó a un hombre Judío y le dijo, "Quisiera saber ¿cual es el secreto de la inteligencia Judía?" El hombre Judío le contestó "La respuesta es…pescado. Si quiere saber como trabaja, necesita llevarme a almorzar a un restaurante elegante y le explicaré todo a usted".

El señor estuvo de acuerdo. Fueron a un restaurant elegante y caro donde ordenaron un salmón ahumado. El Judío le dijo al señor: "Obsérveme". Entonces procedió a cortarle la cabeza al salmón y se la dió al señor para que se la comiera. Entonces, el Judío comenzó a comerse el filete y el señor le dijo: "No entiendo. Yo pago por la comida y usted se está comiendo el filete del salmón y me da solo la cabeza" El Judío replicó, "Ve, está trabajando, ¡Está empezando a ser más inteligente!"

La habilidad de los Judíos para negociar sobrepasa a cualquier otras personas en el mundo. Muchos creen que si no son dueños de una tienda o negocio, no necesitan habilidades para negociar. Lo que estas personas no están tomando en consideración es que cada interacción que ha tenido en el pasado y que tendrá en el futuro es una negociación. El factor que no estuvo conscientemente negociando en esas interacciones ahora significa que ha perdido cada una de ellas.

Abraham no solo fue el patriarca del Judaísmo, también fue un gran diplomático, arbitro y hábil negociador. Cuando Dios observó las pecaminosas ciudades de Sodoma y Gomorra y los iba a juzgar. El invitó a Abraham a negociar en representación de los habitantes de las ciudades. Dios dijo, "¿Debería esconder de Abraham lo que hago?" (Génesis 18:17) Dios sentía que necesitaba alguien quien se enfrentara a El, alguien con quien batallar este decreto. Es por eso que la tierra de los Judíos se llama Israel, Israel literalmente significa "batallar con Dios".

Pero ¿qué tipo de negociador podría ser Abraham, pues su sobrino, Lot, que vivía en la ciudad de Sodoma? Definitivamente Abraham quería proteger a Lot y su familia. ¿Podría ser que simplemente Abraham estaba preocupado de la seguridad de su sobrino?

En su lugar, Abraham negoció una intercesión por Sodoma y Gomorra, y empezó un increíble pulso a favor no solo de sus familiares, sino que a favor de cualquier persona correcta quien podría perecer con los pecadores. Abraham empezó, "¿También destruirás a los correctos con los malvados?" (Génesis 18:23)

Así aprendimos nuestra primera estrategia de negociación por medio de Abraham. Si vamos a negociar con alguien, debemos conocer con quien estamos negociando. Abraham conocía muy bien a que clase de Dios estaba sirviendo y la primera cosa que hizo fue hablarle a Dios de una manera que lo atrajera el carácter y reverencia de aquellos que seguían Sus mandatos.

La segunda estrategia de Abraham fue ser persistente. Primero le pregunto a Dios si el perdonaría la ciudad si unos cincuenta justos fueran encontrados ahí y Dios estuvo de acuerdo."Si yo encuentro en Sodoma cincuenta justos dentro de la ciudad, entonces perdonaré a toda la cuidad por su cuenta." (Génesis 18:26)

Pero Abraham no paró ahí. ¿Y si encuentro cuarenta y cinco? ¿Cuarenta? ¿Treinta? ¿Veinte? Finalmente Dios estuvo de acuerdo que si existían aun diez justos, tendría una razón para salvar a las ciudades pecadoras "No las destruiré por cuenta de los diez." (Génesis 18:32)

Esta lección en el arte de la negociación revela mucho acerca del corazón de Abraham, el master de la negociación. Recuerda como mi abuelo quería vender sus mantenedores de carbón al mayor precio posible. Como podemos presionar a alguien por algo, muestra nuestro propio corazón y nuestras propias ambiciones. ¿Cuanto realmente quieres lograr el exito?

En muchos otros países y culturas fuera de las fronteras de Estados Unidos, la negociación es simplemente una manera de vivir y una parte de la vida cotidiana. Me recuerda un viaje a China durante el cual un vendedor ambulante se veía perplejo cuando una dama de mi grupo pagó $1 por una figura de Buda que seguramente podría haber negociado por menos de 30 centavos. Ella no tenía la costumbre de negociar y por eso pagó el primer precio.

Como ella, mucha gente tiene verguenza de negociar. Sin embargo, es tonto porque usted trabaja duro por su dinero, entonces perder una negociación es como bajar su salario. Obviamente, existen lugares como las tiendas de comestibles y su Walmart local donde no puede negociar, pero mucha gente pasa otras oportunidades de negociar un precio más bajo.

Una de las reglas de negociar – y que era un poquito difícil para Abraham – es hacerlo cara a cara cuando es posible. Por ejemplo, si hago una oferta por una casa, yo quiero ir con el vendedor a presentar la oferta al dueño.

Si usted está tratando de comprar un coche usado al distribuidor de autos, usted quiere sentarse al frente del escritorio del gerente de ventas. La mayoría de los distribuidores quieren que usted trabaje solamente con el asociado de ventas porque eso le permite jugar el juego de "necesito preguntarle a mi gerente" con el fin de mantener el precio más alto posible por el automóvil. Le recomiendo decirle al vendedor "o viene el gerente o ¡me voy!" Entonces levántese y camine hacia la puerta. En el peor de los casos tendrá que mantener su auto viejo, pero existe un buen chance de encontrar un auto menos caro al otro lado de la calle.

La negociación es un proceso de dar y recibir, pero el estar en control del proceso es la única manera de ser exitoso.

Otro secreto de la negociación es que debe ser flexible y siempre sepa cuando debe salirse. Si usted está más interesado en comprar que el vendedor en vender, no ganará.

Desde mi perspectiva, Entre más me involucre con negociaciones, mas las aprecio. Para mí, es como jugar ajedrez. Si gano, obtengo un par de miles de dólares menos en mi próximo auto, y si pierdo, jugué el juego con alguien más.

Los actos de negociación son más frecuentes en la Biblia que los actos de orar. No olvide que otras figuras Bíblicas además de

Abraham fueron también negociadores. Lot negoció en representación de los Tres Angeles, y Moisés negoció con Dios (una y otra vez) en representación de los Israelitas. Si ellos pudieron negociar ¿Por qué nosotros no?

Recuerde

No tenga miedo de negociar un mejor precio, siempre que sea justo para usted.

Este seguro de que negocia con la persona que tiene la autoridad para tomar la decisión.

8

Saliendo fuera del Desierto

Cuando era un niño, jugaba con carritos y soñaba con el día que pudiera tener uno de verdad. Mucha gente continúa jugando con sus carros aun. Ellos están en sus 20, 40 aun 70, pero se siguen comportando como niños cuando van a comprarse un automóvil.

Existe una ley que trabaja en el universo: si tienes un motor, este va bajando de valor. Permítame explicarle.

El carro es usualmente la segunda factura del mes, después de la hipoteca o el alquiler. Algunas personas instintivamente venden su auto antiguo y se compran uno nuevo apenas terminan de pagarlo. Por supuesto, ¿quién quiere conducir un auto viejo? ¡Yo sí! Odio hacer pagos de auto, y soy la persona más feliz pues ellos no están presentes en mi vida.

La primera regla para comprar un auto es pagarlo siempre de contado. Nadie se hace millonario pagando intereses en algo que no aumenta en valor, y aun los préstamos con cero intereses son caros pues los carros nuevos caen de valor significativamente durante el primero, segundo y tercer año.

También, no tenga temor de conducir un auto barato. Una de las mejores lecciones para aprender es ser humilde. Usted debe definir sus posesiones materiales no ellas deben definirlo a usted. Es perfectamente aceptable comprar un automóvil que tiene poco uso y conducirlo por 10 años. No existen buenas razones para un auto nuevo. En el momento que lo sacan de la concesionaria, el precio se cae en por lo menos 20 por ciento. También considere el factor que la Agencia de Mejores Negocios tiene más reclamos hacia los distribuidores de autos que de otros grupos. No sea una víctima de ellos.

No estoy en contra de manejar un lindo auto, pero recuerde que un carro más atractivo necesita más seguro, lo que significa un aumento en los gastos, por lo que le sugiero que lo haga solo si está en una posición para enfrentarlo. Si usted sigue mi plan, eventualmente podrá hacerle frente a un mejor carro, y le pertenecerá a usted, no al banco. Es imposible llegar a ser rico pagando intereses por algo que va cayendo de valor.

Déjeme darle un ejemplo para ilustrarle mi punto. Cuando supe que mi esposa estaba embarazada, me di cuenta que mi viejo Volvo de 16 años no me serviría mas, entonces decidí reemplazar su carro por un modelo que tuviera bolsas de aire. Ella solo pidió una cosa – que comprara otro Volvo. En el sur, Volvos son tan comunes como la nieve, por lo que sabía que no sería fácil encontrar el carro que ella quería.

Durante un periodo de seis meses, navegue por internet, y el carro que yo quería estaba entre $9,000 a $15,000. Encontré uno que quería y el vendedor acordó enviarlo a inspección a un distribuidor local por $200. Después de la inspección, el distribuidor estimó que iba a costar un poco más de $3,000 para poner al carro a tono, y el vendedor acordó quitarle ese costo del precio y aceptar el auto viejo de mi esposa como parte del trato.

Terminé pagando solamente $4,000 al vendedor y otros $3,000 al distribuidor de Volvo para tener el carro completamente reparado. El distribuidor también me dió un año de garantía. Actualmente en el libro azul el valor del carro está valorado entre $9,000 a $13,000. El carro estaba originalmente valorado en $32,140 y si asumimos que el dueño original pagó 9 por ciento de interés, lo cual es probablemente conservador y tuvo un préstamo por un término de 60 meses. El pago mensual habría sido de $667.17 y cuando el préstamo se pagó en total, el dueño debió haber pagado un total de $40,030.20. Eso significa que yo pagué menos por el carro que lo que el dueño original pagó solamente por los intereses.

Costo de Financiar un Automóvil

Precio de Venta antes de impuestos	$30,000.00
Impuesto de Ventas y otros gastos	$2,140.00
Precio Total después de Impuestos	$32,140.00
Monto Financiado	$32,140.00
Meses	60 meses
Tasa de Interés	9%
Pago Mensual	$667
Interés Total pagado	$7,890.20
Monto Total pagado por el carro	$40,030.20

Cuadro de Pagos Financiamiento Volvo Sedan

Mes	Pago	Principal	Interés	Usted Debe
1	$667.17	$426.12	$241.05	$31,713.88
2	$667.17	$429.32	$237.85	$31,284.56
3	$667.17	$432.54	$234.63	$30,852.02
4	$667.17	$435.78	$231.39	$30,416.24
5	$667.17	$439.05	$228.12	$29,977.19
6	$667.17	$442.34	$224.83	$29,534.85
7	$667.17	$445.66	$221.51	$29,089.19
8	$667.17	$449.00	$218.17	$28,640.19
9	$667.17	$452.37	$214.80	$28,187.82
10	$667.17	$455.76	$211.41	$27,732.06
11	$667.17	$459.18	$207.99	$27,272.88
12	$667.17	$462.62	$204.55	$26,810.26
13	$667.17	$466.09	$201.08	$26,344.17
14	$667.17	$469.59	$197.58	$25,874.58
15	$667.17	$473.11	$194.06	$25,401.47
16	$667.17	$476.66	$190.51	$24,924.81
17	$667.17	$480.23	$186.94	$24,444.58
18	$667.17	$483.84	$183.33	$23,960.74
19	$667.17	$487.46	$179.71	$23,473.28
20	$667.17	$491.12	$176.05	$22,982.16
21	$667.17	$494.80	$172.37	$22,487.36
22	$667.17	$498.51	$168.66	$21,988.85
23	$667.17	$502.25	$164.92	$21,486.60
24	$667.17	$506.02	$161.15	$20,980.58
25	$667.17	$509.82	$157.35	$20,470.76
26	$667.17	$513.64	$153.53	$19,957.12
27	$667.17	$517.49	$149.68	$19,439.63
28	$667.17	$521.37	$145.80	$18,918.26
29	$667.17	$525.28	$141.89	$18,392.98
30	$667.17	$529.22	$137.95	$17,863.76

Cuadro de Pagos Financiamiento Volvo Sedan

Mes	Pago	Principal	Interés	Usted Debe

31	$667.17	$533.19	$133.98	$17,330.57
32	$667.17	$537.19	$129.98	$16,793.38
33	$667.17	$541.22	$125.95	$16,252.16
34	$667.17	$545.28	$121.89	$15,706.88
35	$667.17	$549.37	$117.80	$15,157.51
36	$667.17	$553.49	$113.68	$14,604.02
37	$667.17	$557.64	$109.53	$14,046.38
38	$667.17	$561.82	$105.35	$13,484.56
39	$667.17	$566.04	$101.13	$12,918.52
40	$667.17	$570.28	$96.89	$12,348.24
41	$667.17	$574.56	$92.61	$11,773.68
42	$667.17	$578.87	$88.30	$11,194.81
43	$667.17	$583.21	$83.96	$10,611.60
44	$667.17	$587.58	$79.59	$10,024.02
45	$667.17	$591.99	$75.18	$9,432.03
46	$667.17	$596.43	$70.74	$8,835.60
47	$667.17	$600.90	$66.27	$8,234.70
48	$667.17	$605.41	$61.76	$7,629.29
49	$667.17	$609.95	$57.22	$7,019.34
50	$667.17	$614.52	$52.65	$6,404.82
51	$667.17	$619.13	$48.04	$5,785.69
52	$667.17	$623.78	$43.39	$5,161.91
53	$667.17	$628.46	$38.71	$4,533.45
54	$667.17	$633.17	$34.00	$3,900.28
55	$667.17	$637.92	$29.25	$3,262.36
56	$667.17	$642.70	$24.47	$2,619.66
57	$667.17	$647.52	$19.65	$1,972.14
58	$667.17	$652.38	$14.79	$1,319.76
59	$667.17	$657.27	$9.90	$662.49
60	$667.46	$662.49	$4.97	$0.00

Yo sigo una simple regla cuando compro un auto usado. No pienso que el carro valga más de dos meses de mi salario. Eso significa que si usted gana $48,000 por año, su carro no debe costar más de $8,000.

Le recomiendo que mire un automóvil de $9,000 y negocie bajar el precio a $8,000. Eso será fácil de hacer si le muestra al vendedor un crujiente fajo de dinero. Póngase en el lugar del vendedor. Preferiría $8,000 en efectivo hoy o esperar por unos $1,000 extra, pero tener que esperar a que el proceso de financiamiento puede demorar.

Es una buena idea llevar el coche a un mecánico para tener un chequeo del auto antes de comprarlo. Muchos defectos no son visibles.

Si tiene un pago de coche, existe una buen chance de estar en lo que llamo un "arriba abajo" que significa que podría deber más de lo que vale su auto. Le recomiendo vender su auto y comprar uno en su rango de precio. No solo pagará menos, pero su seguro de auto y los derechos podrían también costarle menos, mientras que su nuevo gran carro lo conducirá más y más profundamente a Egipto, y usted no quiere vivir como un esclavo por siempre, o ¿no?

Cuando usted estaciona su coche usado en el estacionamiento, probablemente se sentirá como yo me siento a veces. Tal vez no tengo el carro más "cool" del estacionamiento, y seguro tampoco el más nuevo, pero tengo una relación especial con mi auto. Amo saber que los $667 que el carro de mi esposa me costaría, será una inversión en un fondo mutuo que históricamente me dará en promedio un 12% de tasa de retorno. Eso significa que en 35 años podría llegar a tener $4, 375,906 extras.

Recuerde

No es necesario sentirse con vergüenza por conducir un auto viejo, menos caro para evitar pagar altos intereses.

Es posible obtener un precio más bajo sobre un carro usado ofreciéndole pagar al dueño en efectivo.

9

Mi Hogar debe ser un Hogar para mi Pueblo

Uno de los más preciados activos de la cultura Americana es nuestra casa. Definitivamente necesitamos un lugar donde vivir y mientras paguemos el alquiler, estamos generando riqueza para alguien más. Poseer un hogar es parte del sueño Americano.

Solo existen algunas pocas verdades en las finanzas, como el hecho que si usted gasta menos de lo que hace y no tienes deudas, estará creando riqueza. Otro es que el mercado de inmuebles es cíclico.

En promedio, el Mercado inmobiliario sube a su tope cada siete años y toca fondo cada siete años. Las tasas hipotecarias tienen mucho que ver con ello. Cuando las tasas están bajas, mucho más personas califican para un préstamo hipotecario, lo que hace que el precio de las casas suba. Cuando los precios están altos, hay menos compradores y los vendedores están más dispuestos a negociar.

Yo siempre calculo un mercado hipotecario saludable como aquel donde las casas son preciadas al doble del ingreso promedio de un área geográfica. En mi opinión, la mejor época para comprar una propiedad es cuando las tasas de interés son altas, pues puede refinanciar su préstamo cuando las tasas van hacia abajo, y usted continúa comprando su propiedad a un precio más bajo.

La mayoría de nosotros fantaseamos en vivir en una lujosa vivienda que pueda dar una gran impresión a los demás. Siempre está juzgando, y siendo juzgado, por donde vive, pero considere si vivir en una casa grande realmente vale la pena por el estatus que da, si actualmente no puede hacerle frente.

En la Biblia, somos advertidos de no vivir más allá de nuestras posibilidades. El profeta Balaam fue ordenado maldiciendo las casas de Israel, para darles luego una bendición. Su hogar, también puede ser una bendición o una maldición.

Cuando el profeta pagano Balaam, maldijo las casas de Israel y vio que los Israelitas vivían en carpas, dijo, "Que hermosas son sus moradas, o Jacob, el campamento de Israel". Para el pueblo de Israel, las bendiciones estaban dentro de sus humildes viviendas. Viviendo así, sin lujos, los Judíos eran capaces de lograr los niveles mas puros en la historia de la humanidad, pues eran el pueblo elegido a recibir la Torah y eventualmente lograr la Tierra Prometida.

Esto es un gran contraste con la gente que compra lo que ahora llamamos "Mc Mansiones", muchas de la cuales están ahora en remate. Estas personas maldecidas tienen que dejar sus casas de 35,000 pies cuadrados.

Cuando comparamos las carpas de los Israelitas, quienes fueron recientemente liberados de la esclavitud, fuera del desierto y las personas que viven sobre sus posibilidades, podemos comprender mejor el concepto de belleza. Los esclavos liberados que vivían en tiendas estaban viviendo con sus posibilidades, logrando a la vez una mayor conexión con el universo. Los Israelitas se dedicaron a una vida de verdad espiritualidad, y definieron quienes eran basados en su vida espiritual. Por ello sus tiendas tendían a ser hermosas.

Durante los cuarenta años que los Judíos tuvieron que cruzar el desierto, fueron envueltos en guerras, y rebeliones civiles, fueron atacados y tuvieron que atacar a otros. Construyeron la primera casa de adoración, el tabernáculo y crearon los conceptos de caridad, oración, amor por el prójimo, y darle derechos a la gente extranjera.

Durante el mismo periodo, los Judíos también aprendieron directamente de Dios acerca de filosofía, historia, medicina y alimentar sus propias almas. Pero una de las cosas que no hicimos durante esos cuarenta años fue tomar deudas o pagar una hipoteca a otra entidad.

Por otro lado, personas que han comprado casas que no pueden enfrentar están adorando falsos dioses y se están distrayendo de su propia realidad, su propia belleza y su propia energía espiritual. No estoy en contra de que alguien tenga un hermosa casa o tener cualquier cosa que quiera, siempre y cuando esté en sus posibilidades.

Ahora pensemos realísticamente acerca de escoger su hogar perfecto. Cierre sus ojos e imagine que vive en la casa de sus sueños. Use el cuadro adjunto para describir la casa de sus sueños.

Mi Casa de Ensueño

Pies o metros cuadrados
Tipo (casa, condominio, etc.)
Numero de cuartos
Numero de baños
Garaje /numero de carros
Piscina
Cancha de tenis
Ubicación (Cancha de golf, vista al lago o mar, vista a las montañas, etc.)

Ahora le sugiero que vaya afuera y vea su casa de ensueño. No quiero ser un aguafiestas, pero tengo un fuerte sentimiento que la casa de sus sueños esta almacenada solo en sus sueños por ahora. He conocido personas que han comprado la casa de sus sueños - grandes, hermosas, casas elegantes – y sus casas se han tornado en pirámides donde sirven al Faraón de las hipotecas, y van a continuar sirviendo al maestro por los próximos 30 años. Y por cierto, esos son los años más productivos de los dueños de las casas en términos de ingresos y salud. No olvide que esas pirámides fueron creadas para enterrar personas.

En el libro *Padre Rico, Pobre Padre*, del autor Robert T. Kiyosaki, el explica que su hogar no es su más importante activo. Es también su más importante carga, pues su casa le agrega a los gastos sin generar ningún ingreso. Creo que debe ser dueño de una casa, pero debe reconocer la diferencia entre lo que realmente necesita y lo que realmente desea. Su casa debe ser una bendición.

Usted podría querer una casa de una celebridad de Hollywood, un casa con una linda piscina, un garaje para cuatro vehículos o aun mejor con un hermoso jardín. Ahora paremos y pensemos por un momento. Un garaje mas grande en que pueda almacenar todas sus herramientas no necesita que necesariamente le agregue a sus impuestos. Una linda piscina solo le agregará mayores gastos de seguros y un hermoso jardín meramente le agregará mayores costos de mantenimiento. El contar con cuartos extra para acomodar a sus familiares podría incrementar sus facturas de servicios públicos. Comprando la casa que necesita y cancelando la hipoteca tan pronto como pueda, le dará un sentimiento de libertad como ningún otro.

Soy un gran fan de los condominios. Las casas cuestan más en mantenerlas y requieren de un trabajo de zonas verdes, mientras que en los condominios se usa más eficiente el espacio y tiene algunas otras ventajas:

- Tienen unas lindas áreas comunes que no son su responsabilidad. Usted paga una cuota por el mantenimiento mensual y no tiene que preocuparse por nada más. Si ama la piscina no tiene que limpiarla.

• La seguridad usualmente es mejor en un condo, en parte porque los vecinos están más cerca.

• Sus gastos son más fáciles de predecir y de prepararse para ellos, mientras que en una casa podría por ejemplo, necesitar un nuevo techo para su garaje y otros costos altos de reparación que son impredecibles.

• Las comunidades en condominio tienen un administrador profesional. Si algo está mal, existe siempre la contabilidad. Si algo va mal en una casa, la responsabilidad es toda suya.

• Los condos son más baratos que una casa.

• Su presupuesto se verá mejor balanceado y más predecible.

• Puede gastar su tiempo trabajando en sus inversiones en vez de rastrear las hojas, moviendo tierra o podando arbustos.

Algunas personas compran un duplex o un multifamiliar, viven en uno y el otro lo alquilan. No creo que sea una buena decisión pues más que ser un inversor es un dueño y no tiene divisiones entre usted y el inquilino. Prefiero invertir en fondos mutuos comprometidos con el mercado de valores inmobiliarios.

De nuevo, no quiero que piense que estoy en contra de tener lujos. De lo que estoy en contra es de tener lujos que no puede afrontar, porque está permitiendo a sus posesiones materiales definir quién es usted. Imagínese gastando los próximos treinta años apretado por una cara hipoteca, o peor aún, yendo a dormir todas las noches sintiendo que va hacia un remate.

Trate este simple ejercicio. Cierre sus ojos, respire profundamente e imagine la casa que puede pagar. Imagine que tiene suficiente dinero para pagar todas sus facturas por unos pocos meses y que tiene una cuenta de retiro bien fondeada. Mantenga sus ojos cerrados por unos minutos y medite.

Ahora quiero que abra sus ojos e imagine que usted como muchas personas, tiene una casa, vive de cheque que le pagan por los próximos 30 años y rezando que su techo no empiece a gotear. ¿Gran diferencia verdad? La elección es suya.

Los lujos son cosas que lo hacen parecer rico, pero el confort lo hace ser rico. Una baja hipoteca, o una que ha sido cancelada, seguramente lo harán sentirse más afortunado.

Ahora probablemente entenderá que es lo más importante para usted y sabrá que no es viable para usted tener una casa que vale más del doble de su ingreso anual. Quiero que auto evalúe lo que usted y su esposa se han comprometido como mínimos requisitos para su casa de ensueño. Use el cuadro adjunto.

Lo que realmente necesito en una casa

Pies o metros cuadrados
Tipo (casa, condominio, etc.)
Numero de cuartos
Numero de baños
Garaje/numero de carros
Ubicación
Otras características

Nosotros hacemos de su casa su hogar, pero tan pronto como cancela la hipoteca, se hace realidad que se hace su propio hogar. Yo creo que si sigue esta fórmula, no solamente llegará a ser dueño de su propia casa, probablemente tendrá suficiente dinero para poder invertir en su futuro.

Si un día, usted realmente anhela tener una mansión de cuatro cuartos y un garaje de cuatro carros, ¡podrá comprarla en efectivo!

Ahora que sabe qué tipo de casa busca, hablemos de los tipos de préstamos que usted puede obtener. Afortunadamente, por ahora está libre de deudas y se ha hecho un maestro en sus hábitos de gastar y prepuesto. Le recomiendo que usted de una prima de un 20 por ciento en una casa. En esta forma, podrá evadir pagar un seguro privado para la hipoteca. También le sugiero que haga un pre pago de tres meses de la hipoteca. Generalmente, los pagos hipotecarios no empiezan hasta el segundo mes del préstamo, pero le recomiendo que pague el primer mes de todas maneras. Eso le permitirá establecer una zona de seguridad entre usted y la mala suerte.

Siempre opte por una hipoteca de 15 años en vez de una de 30 años. La diferencia entre el monto de pago es actualmente bien pequeña y si puede afrontar los pagos de un préstamo de 15 años, usted está comprando mas casa. También lo reto a pagar un poquito más extra contra el principal cada mes.

En la primera tabla adjunta le muestro un préstamo de $100,000 con una tasa de interés del 6.5 por ciento. El propósito de esta primera tabla es demostrarle como una tasa de interés mayor cuando toma un préstamo a largo plazo, lo lleva pagar $127,542.98 en interés al solicitar un préstamo de $100,000.

Las últimas dos tablas muestran como pre pagar su hipoteca tiene un mayor impacto en el dinero que pierde en pagar por un interés y que tan rápido puede cancelar su deuda. Por ejemplo, una hipoteca de $100,000 por un periodo de 15 años le podría costar $857.42 mensualmente. A una tasa de interés de 6.25 por ciento, usted pagaría un total de $54,336.42 por la vida total del préstamo.

La tercera tabla muestra como la misma hipoteca a 15 años por $100,000 pero al mismo tiempo usando sus ahorros en el Fondo Shalom para pagar $300 adicionales hacia la hipoteca. Haciendo esto, el dueño de la casa ahorrará $21,138.42 en intereses y terminará pagando la hipoteca de 15 años en menos de 10 años.

Hipoteca de 30- Años de $100,000

Préstamo:	$100,000.	Su pago es: $632.07 por
Términos:	30 años	30 años a una tasa de
Interés:	6.500%	6.50%
Pago Mes:	$632.07	
Total Pagos:	$227,542.	
Total Interés:	$127,542.	

Año	Total	Principal	Interes	Principal **$100,000.00**
1	$7,584.84	$1,117.76	$6,467.08	$98,882.24
2	$7,584.84	$1,192.61	$6,392.23	$97,689.63
3	$7,584.84	$1,272.50	$6,312.34	$96,417.13
4	$7,584.84	$1,357.70	$6,227.14	$95,059.43
5	$7,584.84	$1,448.62	$6,136.22	$93,610.81
6	$7,584.84	$1,545.64	$6,039.20	$92,065.17
7	$7,584.84	$1,649.16	$5,935.68	$90,416.01
8	$7,584.84	$1,759.62	$5,825.22	$88,656.39
9	$7,584.84	$1,877.45	$5,707.39	$86,778.94
10	$7,584.84	$2,003.19	$5,581.65	$84,775.75
11	$7,584.84	$2,137.33	$5,447.51	$82,638.42
12	$7,584.84	$2,280.48	$5,304.36	$80,357.94
13	$7,584.84	$2,433.22	$5,151.62	$77,924.72
14	$7,584.84	$2,596.18	$4,988.66	$75,328.54
15	$7,584.84	$2,770.02	$4,814.82	$72,558.52
16	$7,584.84	$2,955.55	$4,629.29	$69,602.97
17	$7,584.84	$3,153.50	$4,431.34	$66,449.47
18	$7,584.84	$3,364.69	$4,220.15	$63,084.78
19	$7,584.84	$3,590.02	$3,994.82	$59,494.76
20	$7,584.84	$3,830.45	$3,754.39	$55,664.31
21	$7,584.84	$4,086.99	$3,497.85	$51,577.32
22	$7,584.84	$4,360.71	$3,224.13	$47,216.61
23	$7,584.84	$4,652.74	$2,932.10	$42,563.87
24	$7,584.84	$4,964.37	$2,620.47	$37,599.50
25	$7,584.84	$5,296.85	$2,287.99	$32,302.65
26	$7,584.84	$5,651.56	$1,933.28	$26,651.09
27	$7,584.84	$6,030.07	$1,554.77	$20,621.02
28	$7,584.84	$6,433.91	$1,150.93	$14,187.11
29	$7,584.84	$6,864.77	$720.07	$7,322.34
30	$7,582.62	$7,322.34	$260.28	$0.00

Hipoteca de 15- Años de $100,000

Préstamo:	$100,000.00
Términos:	15 años
Interés:	6.250%
Pago Mes:	$857.42
Total Pagos:	$154,336.52
Total Interés:	$54,336.52

Su pago es: $857.42 por 15 años a una tasa de 6.250%

Año	Total Pagos	Principal Pagado	Interés Pagado	Balance Principal $100,000.00
1	$10,289.04	$4,156.76	$6,132.28	$95,843.24
2	$10,289.04	$4,424.14	$5,864.90	$91,419.10
3	$10,289.04	$4,708.71	$5,580.33	$86,710.39
4	$10,289.04	$5,011.58	$5,277.46	$81,698.81
5	$10,289.04	$5,333.94	$4,955.10	$76,364.87
6	$10,289.04	$5,677.04	$4,612.00	$70,687.83
7	$10,289.04	$6,042.18	$4,246.86	$64,645.65
8	$10,289.04	$6,430.84	$3,858.20	$58,214.81
9	$10,289.04	$6,844.46	$3,444.58	$51,370.35
10	$10,289.04	$7,284.73	$3,004.31	$44,085.62
11	$10,289.04	$7,753.30	$2,535.74	$36,332.32
12	$10,289.04	$8,251.98	$2,037.06	$28,080.34
13	$10,289.04	$8,782.78	$1,506.26	$19,297.56
14	$10,289.04	$9,347.69	$941.35	$9,949.87
15	$10,289.96	$9,949.87	$340.09	$0.00

Hipoteca de 15- Años de $100,000
Más $300 adicionales por mes en prepago

Monto Prepago:	$300.00	Mes
Total Pagos:	$133,198.10	
Total Interés:	$33,198.10	
Intereses Ahorrados:	$21,138.42	

Año	Total Pagos	Interés Pagado	Programa de pagos por adelantado Final de Balance Principal
			$100,000.00
1	$13,889.04	$6,027.32	$92,138.28
2	$13,889.04	$5,521.67	$83,770.91
3	$13,889.04	$4,983.46	$74,865.33
4	$13,889.04	$4,410.63	$65,386.92
5	$13,889.04	$3,800.97	$55,298.85
6	$13,889.04	$3,152.07	$44,561.88
7	$13,889.04	$2,461.44	$33,134.28
8	$13,889.04	$1,726.40	$20,971.64
9	$13,889.04	$944.09	$8,026.69
10	$8,196.74	$170.05	$0.00
11	$0.00	$0.00	$0.00
12	$0.00	$0.00	$0.00
13	$0.00	$0.00	$0.00
14	$0.00	$0.00	$0.00
15	$0.00	$0.00	$0.00

También creo que su hipoteca nunca deber ser mas de un cuarto de su ingreso, y si usted quiere deshacerse de sus deudas, ahora usted puede ver mas allá lo que su ingreso está logrando. Además, le recomiendo que divida lo que le queda de ingresos después de haber pagado todos sus gastos para vivir en cuatro partes iguales:

- Retiro
- Un fondo para la universidad de sus hijos
- Para pagos adicionales al principal que debe de la casa

- Fortaleciendo su Fondo Shalom para misceláneos tales como el próximo auto, etc.

Recuerde

Es imposible disfrutar vivir en una costosa casa cuando constantemente está preocupado por si puede o no hacer el propio pago del mes de la hipoteca. Baje sus expectativas hasta que pueda afrontar algo mayor.

Opte por una hipoteca de 15 años para salvar miles de dólares en pagos de interés sobre un préstamo de 30 años.

Considere las ventajas de comprar un condominio en vez de una casa.

10

Apalancarse: Invitar al Caos en su Vida

En el principio de la Biblia, leemos de la creación de la tierra y fue escrito *veyhee erev, vaheyee boker,* literalmente dice "y fue de noche y fue de día" Por lo tanto el primer ingrediente de la creación fue *erev* o noche. Los eruditos explican que *erev* se refería a *Erev Rav* que era descrito originalmente como un fuego negro.

Puede imaginarse que si una cosa como un fuego negro existiera, usted podría caminar afuera por la noche y quemarse, sin ni siquiera saber hacia dónde correr dentro de este fuego. ¡Esta fue la primera materia de este mundo! Científicamente lo llamamos caos. A través de los actos de Dios, el caos en el mundo era, paso a paso, reducido al punto que se concentrara un poquito dentro de las almas de los individuos. En estos días, sabemos que el caos siempre trata de penetrar en nuestras vidas, por consiguiente haciendo el reino del caos mayor y más fuerte.

La herramienta más común para el caos es la gratificación inmediata. A nivel personal, el deseo de gratificación inmediata puede llevar a una de las causas del desastre financiero – cuando la gente toma una segunda y tercera hipoteca en sus casas con el fin de comprar ítems lujosos como teatros caseros y televisores de pantalla ancha o ir de vacaciones. Estas personas están invitando al caos en sus vidas al apalancar su futuro a cambio de cosas sin sentido en el presente.

Apalancarse es un término que nos suena sofisticado y sabio cuando lo usamos. Analicemos lo que realmente significa. En palabras simples, el apalancamiento significa comprar cosas que no puede afrontar con dinero que no tiene. Algunas personas dicen que el apalancamiento es el secreto de los ricos, pero en realidad creo que es el secreto de la bancarrota. Cuando usted está apalancando un par de zapatos de $150 o comprando una pieza para alquiler, está aun comprando algo que no puede afrontar, y las fuerzas del universo estarán en contra suya.

El cien por ciento de las propiedades que se encuentran en remate, alguna vez fueron préstamos aprobados por un banco. Cuando usted adquiere una hipoteca, usted está obligado a definir cuanto dinero debe obtener del banco, no de la otra forma. Es esencial entender la diferencia entre lo que necesita y lo que quiere.

El monto que usted toma prestado debe siempre ser menor de lo que el que el banco debe prestarle a usted. Como dije antes, su hipoteca nunca debe ser mas ue el doble del monto de su ingreso anual, y es mejor mantenerlo a un año de ingreso o aun menos. Su casa debe ser una bendición para usted, pero si usted se sobregira, el banco va a ser como todas las 10 plagas atadas en su pago mensual. El apalancamiento es una palabra que no debería estar nunca en su vocabulario.

He tenido la oportunidad de ver muchas personas quienes han comprado una propiedad para alquilar y muchos de ellos han encarado serios problemas. Algunos han tenido problemas para encontrar arrendatarios, y algunos encuentran que sus impuestos y costos de mantenimiento son mucho mayores que lo que ellos esperaban, pero la realidad es que todos estos problemas pudieron ser como una caminata en un parque si estas personas no tuvieran que pagar una hipoteca tan alta.

No estoy en contra de las inversiones en propiedades, pero estoy en contra de invertir el dinero del banco. Créame, si fuera una gran inversión, los bancos no le prestaría a usted. Ellos comprarían las propiedades para ellos. Ellos no compran esos grandes edificios por que están preocupados por el bienestar de otros. Mucha gente tiene dinero apalancado que no tienen, esperando llegar a ser millonarios, pero en cambio terminan en la bancarrota.

A través de mis años de experiencia, he aprendido que la codicia es ¡el peor asesor financiero!

Pensé llamar este capítulo Apalancarse: su Camino al Infierno por el costo de los prestamos. Como entendemos esto, en el concepto mitológico, el Infierno es un lugar de tremendo malestar, stress, y ansiedad. No puedo pensar en ninguna cosa en este mundo que pueda estar más cerca del Infierno que lo que puede darle un apalancamiento.

El apalancamiento le agrega una cantidad enorme de riesgo a la ecuación. Si no está dispuesto a hacer su inversión en un casino y sustituir una maquina tragamonedas por un buen fondo mutuo o una ruleta por una cuenta en el mercado de valores, ¿por qué juega con otras áreas de su vida financiera?

Recuerde

Apalancamiento simplemente significa comprar algo que no puede afrontar.

Los bancos siempre le ofrecerán prestar más dinero del que necesita. No caiga en esto, pues pagará mas intereses en el largo plazo.

11

Más Caos: El Suicidio Financiero

La carretera a Egipto está llena de vías en U. Le comparto algunos de los nombres de salidas y áreas de descanso. Cada vez que se detiene en alguno de estos lugares, va a retrasar su viaje hacia Egipto y moverá hacia la tierra de la prosperidad.

Seguros

Los seguros son algo que usualmente que se le venden a usted, más que algo que usted busca activamente. Típicamente, los representantes de ventas quieren venderle un seguro total de vida. Estas pólizas prometen que usted obtendrá un cierto monto fijo de dinero al final del periodo específico y ellos son los más grandes embusteros de la industria de seguros.

El problema es que un seguro total de vida cuesta un promedio de 10 veces más que una póliza que lo asegura a usted durante el periodo de sus años productivos. Si algo le pasa, será reembolsado por un monto específico pero al final del periodo durante el cual hizo los pagos de la póliza, no recibirá dinero de vuelta.

Sin embargo, usted puede invertir el mismo monto de dinero en inversiones significativas que le darán mejor retorno. Si la diferencia entre el costo de una póliza con término y una vida son solo $200, y si usted coloca ese dinero en algo que le dé un 12 por ciento de tasa anual, su dinero crecerá a $713,173.00 en 30 años.

Invertir en su Vida

Monto Inicial	$200
Numero de Años	30
Contribuciones adicionales	$200 por mes
Tasa de retorno	12% compuesto mensual
Monto total que habrá contribuido	$72,20
Valor total en la cuenta	$713,173.00

Extensión de las Garantías

Los comerciantes lo retan fuertemente a que compre una extensión de la garantía para artefactos electrónicos y de los electrodomésticos. La extensión de garantía que se ofrece requiere que pague para cubrir reparaciones en su artefacto por más tiempo de lo que ofrece la garantía de la fábrica. Al igual de un seguro, las garantías extendidas se ven bien cuando las compra pero no son buenas cuando usted necesita de ellas.

Un proveedor de celulares que yo uso cobra $5 al mes por proveer una garantía extendida por el teléfono que usted compra junto a plan de uso. El monto de pago de la garantía extendida supuestamente cubre el costo de reemplazar el teléfono si es robado o se quiebra. Cuando en realidad si necesita hacer un reclamo, tiene que pagar $50 adicionales y entonces la compañía remplaza su teléfono por un modelo re empacado. Eso significa que usted pagó un extra por usar un teléfono que esta usado. Al mismo tiempo, los teléfonos re empacados están usualmente disponibles para compra en la misma tienda, por una fracción del valor de uno nuevo. Las extensiones de garantía son otro embuste, por lo que le recomiendo mantenerse afuera de ellas y usar el dinero que ahorra en invertirlo.

Cargos Bancarios

En mi cabeza, la función del banco es cuidar su dinero. El Banco no le debería costar dinero. Pero los bancos le cargan por usar el ATM (cajero automático) y otros cargos a su cuenta si no lo usa. Algunos bancos le hacen un cargo simplemente por mantener una cuenta regular, que no genera intereses.

He encontrado que las cuentas que generan intereses tienen mayor valor. Una cuenta que genera intereses requiere que usted mantenga un mínimo y que gane intereses sobre su balance. Debe tener cuidado de no caer abajo del balance mínimo, pues podría ser afectado por un cargo.

Desafortunadamente, los cargos bancarios pueden agregarle más de $200 en un año. Busque un banco que ofrezca cuentas sin cargos. Si tiene que usar un ATM, nunca use un cajero automático que le haga un cargo. Si usted quiere encontrar y mantener la prosperidad en su vida, debe dar unas vueltas antes de comprar y trate de entender los servicios de cargos que son ofrecidos en cada cuenta en los diferentes bancos de su área.

Lease un automóvil

Un lease de un auto significa que usted esta alquilando un carro por un período extendido de tiempo. Al final del proceso tendrá que pagar un valor residual del auto, el cual es un estimado de su valor. Después de haber hecho los pagos del lease y el termino de su contrato a finalizado, el valor actual del auto al final podría ser mayor o menor que el Precio Sugerido por el Fabricante cuando usted empezó el lease. Por ejemplo, usted puede rentar un Range Rover 2011 y al final de periodo en lease, podría costarle $90,000. O podría comprar un Range Rover usado 2006 o 2007 en cerca de $20,000.

Siempre oigo personas que reclaman ser inteligentes y sofisticados porque rentan sus autos y obtienen una reducción en los impuestos al mismo tiempo. Pero la realidad del lease un auto, es que está pagando por la renta de un auto que podría comprar usado por la facción de su precio. El lease un auto nunca ha tenido sentido financiero. La deducción de impuestos es tan solo una racionalización. De cualquier manera su auto no debe costar más de dos meses de su ingreso. Personalmente, creo que debería mantenerlo cerca un mes de ingreso. Debería siempre poner la menor cantidad de dinero posible ¡en cosas que tienen motor!

Tiempos Compartidos

Como los seguros, los tiempos compartidos son usualmente vendidos más que algo que usted adquiere pues desea comprarlo. Los tiempos compartidos son mayormente publicitados de una manera muy embustera, ofreciéndole o un regalo como un tiquet con descuento a un parque de diversión o un fin de semana de escape. Una vez, mi esposa fue notificada que era la ganadora de un "Bote 3M" y todo lo que ella tenía que hacer para reclamar su premio era atender una presentación de tiempos compartidos. Después de sentarse frente a una presentación de todo el día, y de lanzamientos de publicidad, ella dejó la presentación con el premio de un bote de hule inflable que era supuestamente lo suficientemente grande como para tres hombres (3M) pero que era apenas apto como flotador de niño para piscina.

Un tiempo compartido puede costarle un montón de dinero al comprarlo y lo que recibe es una pequeña parte de un cuarto de hotel. Usted podría ser capaz de usar el cuarto del hotel pero con cierto tipo de frecuencia. El problema es que al ser ahora usted el dueño, deberá pagar por los costos de mantenimiento. Terminará pagando muchas veces más el costo de estar en el mismo o similar resort como un cliente quien simplemente busco y lo encontró en línea a mejor precio.

Cuando usted es dueño de un tiempo compartido, usted está ahora atado con el costo de mantenimiento que no es otra cosa más que una conexión hacia su Egipto. Si logra vender su tiempo compartido, nunca va a volver a recobrar sus inversiones. Muéstreme a alguien que se haya hecho rico comprando tiempos compartidos y yo le mostraré a alguien que se ha hecho millonario comprando el puente de Brooklyn. Un tiempo compartido es simplemente la forma más cara de ponerlo a usted en un hotel barato.

Funerales Pre pagados

Un funeral pre pagado es un contrato legal que usted hace con una funeraria perpetua para pagar hoy por los servicios funerarios que necesitará algún momento en el futuro. Este contrato podría incluir el funeral, sepelio, cremación y otros servicios relacionados o mercadeados. La gente que compra funerales pre pagados, hacen esta compra pues han sido atemorizados hacia el contrato ya sea por publicidad o un convincente vendedor. Ellos solo están pensando en el factor de que probablemente no habrá suficiente dinero en el futuro para un funeral decente y no quieren agobiar a sus familias con los gastos del funeral.

Aunque los funerales pre pagados no garantizan que todos los costos serán cubiertos. Algunas compañías funerarias pueden llegar a cerrar o ser adquiridas por otra compañía. No existe ninguna garantía que el contrato de un funeral pre pagado llegue a ser honrado en toda su extensión. ¿Qué pasa si se mueven a una nueva localidad? ¿Como sabe que no perderá el dinero que usted pagó o si tiene que pagar más si su cuerpo tiene que ser transportado?

Debemos darnos cuenta que la muerte es un inconveniente para nuestra familia, no importa las circunstancias o finanzas. También usted debe mantener en su mente que eventualmente usted tendrá que hacer lo mismo por un ser querido. Si usted solo ahorró el dinero que sería necesario para su funeral y lo puso a un lado para que sus miembros familiares tengan acceso a sus finanzas al manejar su funeral, su dinero pudo haber sido invertido y crecido, y no para la compañía funeraria.

Comprando una casa en un área donde los precios están sobre inflados

Si está considerando comprar una casa en un área donde los precios son imposibles de enfrentar, la respuesta es simple. No la compre. Muchas comunidades tienen áreas en donde los precios están menos inflados. Tal vez sea necesario que ver un poco mas y tal vez comprometerse con un tomar un largo viaje al trabajo, por ejemplo, pero comprar una casa que afecte su habilidad para invertir es como correr un maratón mientras jala su refrigerador.

Recuerde

Escoja un seguro de vida con término más que un seguro de vida total.

Investigue el costo real de las cosas como garantías extendidas o lease de un auto. No permita que el vendedor lo envuelva en comprar algo sin conocer todos los detalles.

12

La Mitad del Camino: Lograr una Vida mientras hace su Vida

Muchas personas que fácilmente encuentran alegría en su camino a la prosperidad, saben varias cosas – que ellos están construyendo su valor neto, que cada dolar invertido va a crear otro dolar, y que cada día están más cerca de su meta.

Pero aun cuando estamos trabajando en construir nuestra fortuna, también queremos vivir. Queremos viajar, salir a comer a restaurantes, y disfrutar nuestras vidas. Sin embargo, el primer signo de madurez es la habilidad de retrasar el placer, que es lo que le pasa a los niños cuando no obtienen lo que quieren. Por ejemplo, los adultos en la tradición Judía (y muchas otras tradiciones religiosas) deben tener la disciplina de hacer un día de ayuno sin comida o agua como lo manda Dios en Yom Kippur.

A través de la historia, la gente Judía no solo ha sobrevivido, pero prosperado a pesar del la adversidad y las severas limitaciones sociales. Durante la Edad Media, a los Judíos no les permitían tener su propia tierra en Europa. La Iglesia prohibió a los Cristianos de permitir a los Judíos hacer ciertos trabajos y les impusieron una gran cantidad de restricciones legales. La gente Judía fue forzada a hacer solo ciertos trabajos disponibles como recolectores de impuestos, prestamistas, vendedores y la industria licorera.

Algunas de estas restricciones perduraron aun en el siglo 19, cuando la mayoría de la industria licorera en Europa del Este estaba en manos Judías. Pero no era solo que los Judíos eran dueños de las destilerías, también eran dueños de los bares, tabernas y burdeles donde se vendía el licor. Por tanto, si una linda chica Cristiana huía de su casa y necesitaba un trabajo, no era raro que ella terminara para un chulo Judío. Cuando su familia y vecinos preguntaban si se había desaparecido, la respuesta era que ella "fue tomada por los Judíos".

Porque la gente Judía era también forzada a trabajos tales como recolectar impuestos, recolectar rentas y recolectar intereses de dineros prestados, los Judíos literalmente tenían que tomar los artículos físicos de la gente cuando no tenían el oro para garantizar el monto. Una garantía podía ser una joya, muchos de ellos reliquias que pasaban de generación en generación.

Sin embargo, como garantía para un préstamo o una deuda de impuestos, una pieza de joyería que era invaluable para el dueño desafortunadamente tenía que ser revaluada por un recolector Judío a un precio más bajo. Cuando llegaba el tiempo en que una madre debía decirle a su hija que no tendría joyas en su dote pues los Judíos "habían tomado las reliquias familiares", esto contribuyo al anti-Semitismo y estereotipos de que los Judíos eran avaros y pecaminosos.

Estos estereotipos fueron muy importantes en la cultura Cristiana de Europa. Después de todo, los Judíos fueron acusados de matar a Dios, o matar a Cristo, y estos conceptos fueron fomentados por la Iglesia y en la cultura popular. Cuando Shakespeare escribió *El Mercader de Venecia* presentando a un despreciable Judío caracterizado por Shylock, quien quería recibir una libra de carne como garantía de un préstamo, los Judíos ya habían sido expulsados de Inglaterra hace más de 200 años, lo que significa que probablemente Shakespeare nunca conoció un Judío real, y los estereotipos negativos persisten aun.

Toda la historia de la gente Judía, sobreviviendo y prosperando, ha hecho a los Judíos ser adaptables y a trabajar duro en cada sociedad en la que hayan vivido. Aun a través de los tiempos de dificultad, los Judíos son las personas más generosas. Existen menos de 14 millones de Judíos en el mundo, comparado como más de dos billones de Musulmanes quienes son dueños del petróleo y los recursos naturales. Si usted visita cualquier ciudad grande en el mundo, encontrará que los mejores hospitales Monte Sinai, Cedars Sinai o Albert Einstein fueron construidos por donaciones de Judíos para la salud de la sociedad. Si va a cualquier gran universidad, verá como la mayoría de las grandes donaciones y becas son proveídos por Judíos. A los judios les gusta dar caridad, y al mismo tiempo saben el valor del dinero y como preservarlo.

Una de las grandes diferencias que agrupan a los Judíos aparte de otras culturas es que vemos nuestra riqueza como una sociedad con Dios, es una forma de traer el reino de Dios a esta tierra, un concepto que llamamos *tikkun olam* – perfeccionando el mundo. Perfeccionamos el mundo usando nuestro Dios – dando riqueza para realzar el reino de Dios en este planeta. Por lo tanto, lo que usted ve es que la búsqueda de la riqueza de la gente Judía está frecuentemente junto a la búsqueda de los trabajos de caridad y no solo para propósitos personales.

No estoy en contra que las personas tengan cosas que les gusta ni estoy contra que uno tenga ganas de comprar objetos de lujo.

En realidad me gustan las cosas buenas, pero estas se hacen una obsesión y un factor de definición del carácter de una persona. Eso hace que le sea muy difícil disfrutarlas a mucha gente quienes se encuentran a sí mismos en una posición de riqueza. Por ejemplo, conozco una persona que trabaja duramente y gana mucho dinero y maneja un Mercedes nuevo. Cada dos años esta dama, lo lleva al distribuidor para hacer un lease de un modelo más nuevo. Obviamente, esta persona se define a ella misma por este objeto. El problema es que cuando un objeto se apropia de usted, el objeto se hace un ídolo, lo cual es la práctica de idolatría. La idolatría siempre oscurece la luz del Creador.

Cuando yo aconsejo a personas que han seguido los principios de Dios y han llegado al punto en el cual ellos pueden afrontar el manejar cualquier auto que ellos quieran, usualmente me preguntan "Rabino, ahora que mi presupuesto no tiene problemas, ¿Como se si estoy derrochando mucho dinero en automóviles?" Mi respuesta es si lo esta comprando para Ud, o para mostrarle a los demás, usted está comprando mucho auto. Un auto sirve para transporte no solo a los suyos, sino también para transportar a la Bestia.

Lo que hemos aprendido es que cenar un bistec es un gran gusto. Tener un bistec para el desayuno, almuerzo y cena por un mes entero es una tortura. Cualquiera que conozca una dieta de bajos carbohidratos sabe esto. Es por eso es que ahora vemos chocolates, cervezas, sándwiches, gaseosas, etc., bajos en carbohidratos en el mercado. Una dieta constructora de riqueza tiene los mismos principios. Usted puede darse un premio algunas veces y permitirse disfrutar la vida, pero debe hacerlo sin salirse del camino.

Mientras estamos trabajando hacia la prosperidad, típicamente perseguimos los placeres en una de tres formas: usando el sentido común, alimentando la Bestia o por auto determinación.

Usando el "sentido común"

Una persona común va a un hotel y paga la tarifa establecida. Cuando una persona común va a un restaurante para cenar y el consumo es de $30 por persona, ellos simplemente pagan ese monto como cualquiera lo haría. Piensan que es de sentido común pagar lo que se requiere de ellos. No se dan cuenta que muchos establecimientos tienen ofertas especiales, tarjetas de descuento y cupones. Recuerdo que yo recibí un cupón de una almacén dándole 20% de descuento para un vino para Pesaj, y por el uso de ese cupón ahorré a la sinagoga un par de cientos de dólares.

El problema con una idea social de "sentido común" en América deriva de nuestra limitada experiencia de compra. El típico consumidor Americano quien compra en Target o Walmart paga por el precio que está publicado. Pero en la mayoría de los paises del mundo, los consumidores escogen comprar de pequeños vendedores en un mercado donde los compradores negocian directamente con el tendero por un mejor precio. Por lo tanto, si tiene "sentido común" en ese pequeño, independiente mercadito, siempre tiene la habilidad de tratar de obtener más por menos.

El factor que no tengamos la tradición de negociar con la gente que encontramos en Walmart (en realidad, los únicos que encontrará son el anfitrión y el cajero) no significa que no tengamos las mismas herramientas aquí. Solo significa que tiene que escavar un poco más profundo si quiere de verdad usar su sentido común. Las ofertas con descuento existen. Solo debe buscarlas. Algunas veces todo lo que tiene que hacer es tomar su periódico local, o en Google, colocar el nombre de la tienda mas la palabra cupones. Ahora ve como algunas veces usar el "sentido común" para obtener lo que realmente necesita significa "sentido común".

Alimentado la Bestia

Un signo de inteligencia es la habilidad de comprender un concepto ligeramente contradictorio. Tuvo la inteligencia suficiente para comprar este libro; por lo tanto probablemente será capaz de aceptar el concepto de que si, en una mano, derrochar todo su dinero para satisfacer a la Bestia es idolatría, en la otra mano, privarse de placeres legítimos que Dios provee es también idolatría.

Perseguir sus placeres como una Bestia es la búsqueda de satisfacer sus necesidades inmediatas y gratificar deseos sin sentido. Persiguiendo sus placeres aunque este alimentando una Bestia ,como escoger un carro porque le gustan los aros modernos o rentar un apartamento de tres cuartos porque cree que necesita los closets del cuarto adicional. Cualquier cosa que compre para impresionar otras personas o que compra en exceso es alimentar la Bestia.

La persona que no le gusta gastar, escatima en todo, que es otra forma de alimentar la avara Bestia. Cuando una persona avara sale para desayunar, escoge la comida de 95 centavos y continua quejándose de que hubiese podido hacer la misma comida por solo 45 centavos. El avaro a menudo no es muy feliz porque ama el dinero mas de lo que ama a su familia.

Por tanto, perseguir un placer no debe ser ni un festín ni una hambruna. La Bestia siempre tratará de mantener el control. Usted nunca debe sentirse como si fuera a ser presa por que la Bestia esta cazando o que la Bestia esta invernando. Tenga en mente que nunca será capaz de matar la Bestia. Como mencioné anteriormente, esta inclinación es una parte necesaria dentro de usted.

De acuerdo con la tradición Judía, una vez los Rabinos rezaban que la inclinación maléfica (la Bestia) desapareciera. Poco después, los Rabinos tuvieron que rezar para que la inclinación maléfica apareciera porque la gente Judía dejó de tener hijos. Por tanto, la misma Bestia que es responsable de todos nuestros apetitos y de buscar nuestros placeres saludables, necesita ser controlada, nunca denbe pasar hambre o ser sobre alimentada.

Ser auto determinado

Cuando una persona auto determinada va de compras, siente que se lo merece, tiene la habilidad de ver una situación y tomar una decisión basado no en lo que está siendo vendido, pero más bien basado en lo que realmente desean comprar. ¿Cuantos de nosotros vamos a una tienda de zapatos para comprar un par de zapatos de vestir negros y terminamos comprando un par de championes azules?

El mejor ejemplo que puedo darle de mi vida personal es cuando me mudé a una pequeña ciudad, en Miami Beach que tiene dos millas de longitud y donde viven 18,000 personas. Cuando empezamos a ver condominios, encontramos uno en un edificio con vista al mar que calzaba con nuestras necesidades perfectamente. Entonces nuestro agente nos mostró otro apartamento del mismo tamaño en un edificio más viejo que no era con vista al mar pero estaba a una cuadra de la playa.

El edificio era un poquito viejo, tenía menos facilidades, pero tenía una característica que lo hacía más acogedor. Viviendo al mismo tiempo, en un segundo edificio, había un gran número de viejitos Judíos hombres y mujeres que habían sobrevivido al Holocausto. Mi esposa y yo nos dimos cuenta que las diferencias físicas de ambos edificios de apartamentos eran insignificantes. Sentimos que teníamos una oportunidad especial, sabiendo que nuestra familia podrá ser la última generación que personalmente conozcan sobrevivientes del Holocausto. Esta oportunidad no tenía precio. Decidimos compra el apartamento que estaba a una cuadra de la playa y nunca miramos para atrás.

Creo que la habilidad de ser auto determinado lo hace a usted marchar al ritmo de su propio tambor. No siente presión de la gente de ventas, tampoco siente la necesidad urgente de salir y comprar algo solo porque está en liquidación

Ser auto determinado lo pone en cercanía con usted mismo pues encuentra su centro y puede definir que es lo realmente es importante para usted y su familia. Instantáneamente no es más relevante, porque confía más en usted y transmite más honestidad hacia los otros. Cuando ve un auto, no se preocupa más de como suena el tener cierta marca o como lo verán otros en el. Más bien piensa si realmente necesita el auto y del tipo de valor que el automovil le provee.

Hoy en día usted puede comprar un par de anteojos de sol y pagar entre $20 y $2.000. Un comprador auto determinado vera los anteojos de $2,000 y decidirá si realmente son al menos 100 veces mejores que el par de $20. Ser auto determinado es ser capaz de siempre tratar de obtener la mejor calidad al mejor precio. Eso, para mí, es lo que la verdadera moda es. La gente auto determinada quiere las mismas cosas que una persona promedio quiere, pero no quieren pagar el precio total de detalle y no les importa si toma más tiempo comprar, hasta que tenga el precio correcto. La gente auto determinada también obtiene un tipo especial de placer sabiendo que ellos pagaron el monto que ellos querían pagar.

Estas tres clases de personas y la forma en que buscan sus placeres pueden ser encontradas en cualquier parte de los Estados Unidos. La persona sentada junto a usted en un avión puede haber pagado cinco veces el precio de su pasaje que usted. Posteriormente, los dos pueden haber chequeado en el mismo hotel, pero uno pudo haber pago más del doble por un cuarto similar.

Ahora quiero compartir con usted algunas de las formas que yo personalmente uso cuando viajo o como en restaurantes mientras gasto mucho menos de lo que una persona promedio gasta.

- Si quiere ir a un restaurant elegante, vaya para el almuerzo. Los precios son más bajos que el menú de la cena.
- No tome licor en los restaurants. Los márgenes en vinos y licores son bien altos. Así es como los restaurantes hacen más dinero.
- Siempre busque cupones. Puede encontrarlos en los periódicos locales o en línea. Una vez mi esposa y yo fuimos a Miami toda una semana y obtuvimos descuentos en todos los almuerzos y cenas pues usábamos cupones.
- Siempre compre un pasaje de avión por internet. Busqué en sitios de reservación a los de más bajos precios, luego busqué en los sitios de las aerolíneas para ver si los precios eran más bajos. Algunos vuelos requieren una parada antes de llegar a su destino, pero con un poco de paciencia puede encontrar uno que se ajuste a sus necesidades.

Amo viajar y gastar mucho tiempo en hoteles, por lo tanto siempre busco gangas. Usualmente uso Hotwire.com, pero el inconveniente es que si no conoce el hotel donde se hospedará hasta que reserva el cuarto y paga por el. Sabrá en que parte de la ciudad está ubicado y la categoria del hotel (tres estrellas, cuatro estrellas, etc.) al especificar estas cosas. He tenido algunas gangas fenomenales.

Un buen ejemplo es un viaje que hice a California. Volé de New Orleans, pare en Minneapolis, de ahí viaje al Aeropuerto Internacional de Los Angeles. Estuve en el Sheraton, un hotel cuatro estrella por tres noches y tuve un auto alquilado. El viaje completo me costó menos de $700, que hubiera sido lo que costaba un vuelo directo de New Orleans a L.A.

He tenido el honor especial en mi vida de visitar y gastar tiempo con cientos de personas en los últimos años de sus vidas y cuando están a punto de morir. Entonces, luego de que sus seres amados han pasado, siempre hablo con los miembros de la familia y les ayudo a identificar los momentos más importantes de sus vidas con sus seres amados.

Lo que casi siempre escucho de los miembros de la familia es que los momentos más preciosos fueron con cosas comunes como salir al parque con la familia, jugar en los juegos o pasar el día en la playa.

Nunca he oído a alguien decirme que el día que cerraron un trato, o el día que compraron una casa nueva o el día que sus acciones subieron fueron días importantes en sus vidas o la vida de su familia. Esto muestra que las cosas realmente importantes en nuestras vidas son los momentos que gastamos con la gente que amamos. Esta es una lección muy importante respecto a la manera en que manejamos nuestras finanzas. Hoy, la gente a menudo gasta demasiado tiempo trabajando para poder comprar cosas que no necesitan, cuando podrían estar utilizando su tiempo con los que ama.

Ser auto determinado significa enseñar a sus familias el valor de utilizar el tiempo más que gastar dinero. Si Ud. siente que está en una posición de trabajar largas horas para poder hacer los pagos de cosas que compró con sus tarjetas de crédito, entonces literalmente está haciéndose devoto de esas cosas más que utilizar su tiempo y sus recompensas con los que ama. La gente siempre dice la vida es corta. Tal vez el problema es que gastamos un montón de tiempo antes de realmente empezar a vivir.

Recuerde

Es imposible ser económico sin ser avaro

Busque formas de disfrutar actividades como viajar y cenar sin gastar de más.

Recuerde que gastar tiempo con sus seres que ama es más valioso que el dinero.

13

Su Jubilacion: Alcanzando su Tierra Prometida

¿Qué le viene a la mente cuando hablamos de jubilacion? Para algunos de nosotros huele como al océano. Podemos imaginarnos sentados en la playa en una silla reclinable, pacientemente leyendo un libro, sintiendo la brisa del mar y el sol abrazando nuestro cuerpo. Otras personas podrían decir que el Sistema de Seguro Social está quebrado y continuará poniéndose peor, y podrían tener que trabajar hasta que mueran.

¿Qué piensa de las personas del primer grupo – esos quienes se imaginan viviendo en la playa como príncipes y princesas – sabiendo que los del segundo grupo – esos que continuan trabajando como esclavos del Faraón – no saben? Ellos saben planear hacia adelante para un retiro confortable.

Existen varias diferencias entre los planes de retiro. Yo recomiendo que si trabaja en un lugar que ofrece un 401(k) donde su empleador iguala sus contribuciones, usted debería contribuir con el máximo monto que su empleador iguala.

También podría abrir una cuenta de retiro individual o IRA en inglés. Existen tres tipos donde puede escoger:

- Un IRA regular e impositiva. En este caso, usted paga impuestos como siempre y hace sus contribuciones post impuestos. Al aumentar su principal, este podría ser sujeto a impuestos en los dividendos y las ganancias de capital y paga impuestos sobre las ganancias de capital cuando saca el dinero.

- Un IRA con impuesto deducido. Con esta opción, usted recibe una deducción de impuestos, que esencialmente significa que sus contribuciones vienen antes de los impuestos. Su dinero continúa creciendo libre de impuestos, pero tiene que pagar impuestos sobre todos los ingresos cuando la retira

- Un Roth IRA. Con un Roth, usted paga sus impuestos sobre ingresos como siempre, y hace sus contribuciones post impuestos. Su dinero crece libre de impuestos y no debe impuestos futuros sobre lo que retira

Creo que un Roth IRA es la mejor opción que califica, pues puede ahorrarle cientos de miles de dólares al final. Debido a que ha pagado los impuestos del dinero que invirtió, no estará a la misericordia de impuestos potencialmente más altos cuando sea tiempo del retiro e inicie las salidas de sus ahorros.

Debe saber, que aunque, no todo mundo califica para un Roth, y el estatus de un Roth tradicional depende si tiene un plan de retiro a través de su empleador.

Existen límites de ingresos para determinar si es apto para contribuir a un Roth IRA. Por ejemplo, si usted y su esposa reciben un salario superior a los $100,000 al año, solo podrá calificar para un IRA tradicional. También existen limitaciones en la edad en un Roth IRA que no aplican a un IRA tradicional, por lo tanto consulte a un experto financiero para determinar la mejor opción para usted.

Dejaré que decida como le convenga, que sus contribuciones a su IRA sean invertidas, y como determinar cuanto vale su cuenta cuando llegue el momento del retiro. En el siguiente capítulo, hablaremos más acerca de los diferentes tipos de inversiones y como escoger, entonces por ahora, déjeme darle un ejemplo de como una cuenta de retiro puede darle riqueza.

Suponga que entre las edades de 30 y 70, usted colocó $3,000 por año en su IRA y lo tiene invertido y pagan un promedio de 12 por ciento de tasa de retorno por año. Terminará con $2,6 millones. Si una pareja trabajadora hace esto, tendrán más de $5 millones después de 40 años. Es bien fácil de hacer, especialmente si no tiene gastos extra como el pago de un auto. Si tiene que decidir entre tener una nueva minivan o tener un par de millones en el banco ¿Cuál escogería?

Ejemplo de Inversión en Roth IRA

Contribución Anual	$3,000
Total en Contribuciones	$120,000
Total al Retirarse	$2,577.427
Monto impuesto de Ahorros	$1,104.876
Diferencia	$1,472.552

Recuerde

Tome ventaja del programa 401(k) de su empleador para ahorrar dólares de impuesto diferido a través de su retiro.

También abra una cuenta de retiro individual, preferiblemente una Roth IRA si califica.

14

Fondos Mutuos: Teniendo su propia parte del Universo

Probablemente el más poderoso Judío en la historia fue José. José era un hombre correcto que era secundado solo por el Faraón. El guió a Egipto por siete años de prosperidad ahorrando en mercaderías del país y vendiéndolas cuando el mercado las necesitaba más. Bajo la guía de José, Egipto llego a ser la potencia del mundo en ese tiempo, similar a como Estados Unidos es visto hoy.

José estableció la tradición Judía que muchos Judíos después de el siguen – el apostaba por un futuro mejor. Una vez que haya adquirido su casa y creado su Fondo Shalom, ¡es tiempo de iniciar a invertir en su futuro!

Cuando hablamos acerca de invertir, la primera cosa que viene a la mente es usualmente ¿Puedo perder mi dinero? La respuesta es: "¡ Si!" pero si sigue estos pasos, tendrá muchas más oportunidades de seguir hacia adelante. Por eso es que pienso que es esencial que compre su casa y establezca su Fondo Shalom antes de empezar a invertir fuertemente. Una vez que esté libre de deudas y haga estas cosas en su lugar, podrá afrontar el tomar algunos riesgos.

Le voy a mostrar que es lo que personalmente hago. Mi primera regla es siempre invertir en fondos mutuos. Si compra acciones individuales, es como poner todos sus huevos en una sola canasta, pero un fondo mutuo compra acciones en diez, más bien en cientos de diferentes compañías. De esta forma su dinero es esparcido y no tiene que preocuparse de lo que sucede en el mercado de valores todos los días. Aun si alguna de las compañías en un fondo mutuo quiebre, no hará mucha diferencia pues su inversión está diversificada.

Otra ventaja de comprar fondos mutuos es que su dinero será manejado por un profesional de manejo de dineros. Los fondos mutuos son usualmente manejados por gerentes altamente calificados así como por una Junta Directiva. Es por esto que son una maravillosa herramienta de inversión, pues los corredores de fondos y la directiva aconsejan y reciben consejo entre ellos, como el Faraón hizo con José. Invertir en fondos mutuos le permite a personas normales como nosotros a que nuestro dinero sea manejado por gente ¡extremadamente inteligente! Usted puede aun analizar el desempeño de su gerente y sus fondos conforme avanza y hacer ajustes, si es necesario.

La mayoría de los fondos mutuos requiere un mínimo de inversión inicial de acerca de $2,500, sin embargo puede ser mayor. Tenga en mente que puede tomarle todo un año para llegar a ese monto. Le recomiendo que cuando abra una cuenta, pueda también utilizar un desarrollador de cuenta y poder transferir cierto monto cada mes. Un desarrollador de cuenta es una herramienta que le permite transferir fondos de su cuenta de banco a un fondo mutuo bajo la base mensual. Si usa el desarrollador de cuenta o se hace el hábito de contribuir mensualmente, verá su dinero multiplicarse muy rápido. Imagine que cada acción que compra en un fondo mutuo es como si un Angel financiero está tras de usted.

Le recomiendo que compre fondos mutuos de las siguientes compañías:

- Vanguard
- Fidelity
- T. Rowe Price

Sus amigos o familiares podrían sugerirle que use su "broker", pero existe un simple factor de la vida escondido en esta ecuación. Si el bróker de su amigo fuera un buen "broker", no lo necesitaría a usted como cliente pues el ya hubiese hecho una fortuna con sus propias inversiones.

La realidad es que los brókers son solo personas de ventas tratando de hacer ganancias al invertir su dinero y cobrarle costos a Ud. No conocen más del mercado que usted, y su retiro será garantizado por costos cobrados a sus clientes y no por sus propias inversiones. En mi opinión, debe estar alejado de los brókers, y de cualquier consejero financiero que lo rete a comprar fondos cargados o comprar a través de un tercero. Esas personas no tienen los mejores intereses en su corazón.

Un tipo de fondo mutuo que creo es muy bueno es un fondo indexado. Estos fondos replican el desempeño de un índice financiero como S&P 500 o NASDAQ. Otro tipo de fondos mutuos que recomiendo para su portafolio es fondos mutuos de crecimiento y los fondos internacionales. Los Fondos de crecimiento invierten más en acciones que en bonos. Cuando compra un fondo de crecimiento, es como que usted compra un pedacito pequeño de muchas compañías. Como su nombre lo explica, estos fondos son escogidos pues se espera que crezcan o en otras palabras, incrementan el valor cuando las compañías crecen. Pero existe un mínimo alto riesgo que va a la par con los fondos de crecimiento pues prometen mayores retornos.

Los fondos internacionales son fondos que se invierten en compañías fuera de los Estados Unidos. Una vez que haya invertido en un fondo internacional, chequee los países que son representados en el fondo para estar seguro de que sus ganancias en inversiones no estén inadvertidamente dando combustible a el terrorismo internacional, genocidios, menores trabajando, u otras actividades contra Dios en tierras extranjeras. Muchos de los fondos internacionales también tienen alguna porción de fondos en compañías de Estados Unidos.

Cuando compra fondos mutuos siempre los está comprando para un plazo largo. Es muy importante entender que el mercado ha pagado un promedio de 12 por ciento durante los ultimos cincuenta añs y ha tenido ganacias en cada uno de los períodos de 10 años - ¡siempre! Esta es una de las razones por las que tiene sentido comprar fondos con record mas de 10 años.

Nunca debe comprar fondos mutuos cargados. Estos son los que compra de un bróker de acciones, y el "cargado" es la comisión del bróker, que puede ser un poco alta. Los fondos cargados se desempeñan igual que los que no lo son, pero cuestan más pues paga una comisión al bróker o a su firma.

Todos los fondos mutuos llevan intrínsicamente ciertos costos, pero no debe pagar gastos y costos que sean mayores al 2 por ciento. Muchos fondos mutuos tienen un radio de gastos de medio porcentaje o menos. También, nunca compre fondos mutuos con una tasa de Morningstar menor a 4 estrellas.

Aprender como invertir su propio dinero no es complicado, pero tiene que elegir fortalecerse en ser el que cuida su futuro y el de su familia. Fortalecerse a sí mismo como el planificador financiero de su familia trabajará para usted, como José trabajó para los Judíos. Recuerde que durante la hambruna y la inanición, José fue capaz de cuidar todo el reino y sus habitantes y dar a su propia familia el disfrute de la prosperidad en tiempos de recesión.

Recuerde

Los fondos mutuos son una gran forma de invertir en el Mercado de Valores sin tener que conocer mucho acerca de la elección de acciones individuales.

Siempre compre fondos sin cargos. Los fondos cargados simplemente significan que está pagándole una alta comisión a un bróker que vendió la inversión.

15

Su Esposa, Su Vida

El juego financiero es un deporte de equipo. Dios estableció una alianza con Noé después del diluvio, y luego estableció una alianza con Abraham. Una alianza es un contrato entre dos partes. Para poder prosperar, usted debe establecer lo que yo llamo una "alianza" con su familia.

La alianza le mostrará su compromiso con su familia y su futuro juntos, y ellos deben hacer el mismo compromiso con usted. Empiece por honestamente discutir dónde está actualmente desde el punto de vista financiero y dónde quiere llegar. Hable acerca de que cosas va a sacrificar y pregúntele a su familia que van a sacrificar con el fin de tener un futuro más próspero.

Con el fin de ir para adelante en su vida financiera, un requerimiento mínimo es que todo el mundo debe estar en la misma página, pues usted y su familia están literalmente en el mismo barco financiero, tal como Noé y su familia estuvieron en al arca.

Imaginemos por un momento que esta arca tiene un pequeño hoyo debajo de cada asiento. Para poder mantener el arca sin hundirse y que entre mucha agua, cada uno de los miembros de la familia deben sentarse y quedarse en sus asientos y comprometerse a estar en su asiento para que los hoyos estén tapados y el arca no se hunda. Igualmente cada persona en su familia debe tomar su propia responsabilidad de controlar sus gastos

Con el fin de hacer más fácil para usted contar con un certificado del convenio, he creado un certificado que establece el convenio entre usted, los que ama y Dios. Debe cortarlo, enmárquelo y lo pone en su sala. Todos los días cuando se sienta en la sala y disfruta la compañía de los otros, su convenio será un constante recordatorio que aun Dios le ha dado la potestad de gobernar sobre el mundo animal, y El también está ayudándolo a aprender a domesticar la Bestia.

Por supuesto un convenio no es valedero en ninguna corte, pues ¡no debe obligar! Sin embargo, puede servir de sello de fe entre todos los miembros de su familia.

Como rabino, gasto muchas horas aconsejando gente que he casado, y en cada caso me gusta hablarle a la pareja no solo de compatibilidad y amor, pero también de su relación con el dinero. Si usted y su socio no están en el mismo canal financiero, existen chances de que se su matrimonio no funcione. No puede ser un ejército de uno cuando está casado. Los problemas financieros son la causa numero uno de divorcios.

En inglés, tenemos una palabra para el amor, que se traduce en nuestro modo sexual. Los antiguos griegos tenían más de una palabra para el, incluyendo la palabra *ágape*. Significa el compromiso o sacrificio, y es un tipo de amor que he visto en todas las parejas que se han casado y continuan casados. En mi opinión ese tipo de amor determina el éxito total de su vida matrimonial, y como una extensión, es una buena parte de su vida financiera también. Lograr la meta financiera siempre tiene una parte de sacrifico, y es imposible hacerlo por sí mismo. Una vez que usted y su esposa se den cuenta que el sacrifico mutuo es una parte sana de su matrimonio, está bien encaminado para lograr la armonía, planeando sus finanzas juntos.

Tenga un "cuidado con la confrontación de amor". Acérquese a su esposa en una actitud de no confrontación, tal vez después de una buena cena y una buena botella de vino, pregúntele ¿Dónde crees que estaremos en cinco, diez o veinte años financieramente? ¿Vamos por el camino correcto? ¿Tenemos un Fondo Shalom? ¿Estamos trabajando juntos hacia el retiro? ¿Tenemos nuestras prioridades en orden?

En mi caso, mi esposa y yo tenemos una cuenta de banco, y siempre nos consultamos acerca de lo que necesitamos comprar. Algunas personas podrían verlo como control. Creo que si no nos cuidamos mutuamente, no vamos a ninguna parte.

Nuestra Alianza

En la presencia de Dios, nosotros, miembros de la familia_____,
acordamos contener nuestros gastos, gastar menos de lo que hacemos, ser
siempre caritativos, y usar el fruto de nuestras labores con generosidad y
bondad. Prometemos también no esconder ninguna deuda o ningún gasto.
Prometemos ser pacientes con cada uno de nosotros mientras tratamos de
transitar hacia una vida más segura y mejor. Esta es la verdad. En acto de
buena fe entramos en este pacto de amor.

_____

_____

_____

_____

_____

_____

Recuerde

Trabajar en conjunto con su esposa en todos los asuntos financieros.

Haga que su familia firme una alianza para asegurarse que tienen un claro entendimiento de sus metas financieras.

16

Preguntas contestadas por un Judío Millonario

He tenido muchos congregantes quienes han seguido estas enseñanzas Bíblicas y pueden darnos historias muy similares acerca de como ahorrar dinero y vivir dentro de sus posibilidades. Dentro de ellos, hay doctores, abogados, jueces, políticos, personas involucradas en la industria cinematográfica y hombres y mujeres de negocios. Pero hay una persona en particular que quería entrevistar porque lo considero mi mentor personal en materia de finanzas.

Este caballero es extremadamente trabajador. Hizo su propio negocio multimillonario exitoso con pasión y dedicación. Tiene una reputación excelente en su campo y continúa aplicando su *yiddishe kop* – su cerebro Judío – en el manejo de su propio negocio y sus finanzas personales. Le hice las siguientes preguntas

P: ¿Cual es su primer recuerdo acerca de dinero?

R: Recuerdo que cuando era un niño de escuela, recibía una mesada de 45 centavos por semana por hacer mis quehaceres. En ese tiempo, ir al cine eran 25 centavos, palomitas y dulces eran 15 centavos, dejándome solo 5 centavos de ahorros por semana. Recuerdo lo importante que era para mí, aun siendo niño, poner a un lado los 5 centavos extra.

P: ¿Que aprendió acerca del dinero de su vida en casa?

R: Nunca quise ser dependiente de mis padres y apreciaba los sacrificios que hacían por nosotros. Yo crecí con el sentimiento de que era muy importante ser auto suficiente. Con los ahorros que acumulé desde niño, compre mi primer auto a los 16 años.

P: ¿Mucha gente ve su cheque como un salvavidas, como ve el suyo?

R: Un cheque es mas como una batería. Es una herramienta para proveer energía. Un cheque puede cuidar de nuestras necesidades básicas, pero después de ello debe ser usado para ayudar a otros.

P: Si tuviera que darle a alguien una breve declaración de como ahorrar dinero, ¿Qué le diría?

R: Cuando usted ahorra y tiene la capacidad de planear su futuro, entonces no tendrá que depender de nadie más. Cuando tiene el hábito de colocar dinero de lado para su propio ahorro, puede recostar su cabeza en la noche y dormir bien en su almohada pues sabe que no le debe dinero a nadie.

P: ¿Qué le gustaría decirles a sus niños que deben aprender de sus hábitos monetarios?

R: Viva entre sus límites. Gaste menos de lo que gana. Se dadivoso.

P: Si va a regalar una tarta de limón, ¿Como la divide en categorías de gastos?

R: 10% ahorros

10% donaciones

35% gastos de casa y de vivir

25% comida

5% entretenimiento

6 – 10% retiro (más si es una persona mayor)

3-5% fondo para la universidad

P: ¿En qué forma su situación financiera le dio seguridad?

R: No es importante cuanto dinero usted hace, lo que importa es cuanto mantiene.

P: ¿Como compra sus autos?

R: He pagado en efectivo cada auto que he comprado. Trato de manejar un auto lo más que pueda, manteniéndolos por un mínimo de 8 a 10 años.

P: ¿Qué no compra el dinero?

R: La felicidad no viene de lo material. Es más, algo que no viene de lo material termina siendo más agradecido que mas cosas que adquieres. Por cierto, un rabino famoso dijo "solo se puede sentar en una silla a la vez".

P: ¿Qué tan importante es para usted tener su propia casa?

R: Su morada es su santuario y cuando tiene su propia casa, eso le da paz mental. Aun el césped se siente más suave. Es el lugar donde se siente seguro y a salvo. Si pierde su trabajo, aun si no paga sus impuestos, su casa es como una póliza de seguros, puede vivir ahí indefinidamente.

P: Mucha gente compra acciones o fondos mutuos, pensando que ellos van a ganar la lotería. ¿Como explica las "inversiones" a gente que no sabe de interés compuesto?

R: La riqueza crece despacio. La riqueza que se gana rápido, vuela lejos. No debe tomar riesgos excesivos. Puede invertir un pequeño monto en alto riesgo/alto crecimiento fondos pero como ellos dicen la tortuga gana la carrera todo el tiempo. Recuerdo que cuando era joven tomaba mucha de mi energía para ganar mi ingreso. Trabajé muchas noches y semanas. ¿Por qué voy a derrochar todo eso en inversiones de alto riesgo?

P: El dinero es importante para mí porque…

R: El dinero es energía. Provee nuestras necesidades básicas y nos da las elecciónes y oportunidades. Cuando ha acumulado riqueza, puede escoger, ¿quiero trabajar? O ¿Cuando quiero trabajar? ¿Quiero ayudar a esta obra de caridad en la ciudad u otra obra beneficiente en cualquier parte del mundo? También puede dar a las siguientes generaciones mas oportunidades.

17

Tzedakah: Conectándose con el Universo

¿Le gustaría tener un poderoso y famoso socio en su negocio o en su vida financiera? ¿No sería aun mejor si este socio fuera un socio silencioso, un socio que pudiera hacer que el universo entero trabajará para usted? Ese socio existe, ese socio es Dios.

Probablemente nunca se dio cuenta de esto, pero Dios quiere ser socio de nosotros para que podamos establecer su reino aquí en la tierra. ¿Ha oído hablar del principio universal de recibir? Este principio es simple para poder recibir debe de compartir.

De acuerdo a la tradición Judía, un acto de caridad tiene la habilidad de cambiar un decreto negativo del cielo. La caridad no solo significa mejorar el mundo y los que están a su alrededor. Podría sorprenderlo aprender que nos sirve para mejorar nosotros mismos.

Este es el secreto de como la gente Judía ha creado una frontera contra el caos en sociedad con Dios. Compartir crea un cuarto en su vida para más bendiciones por venir. El dar crea un círculo sin fin. Usted gana, usted da y entonces gana más.

Hay una manera específica y muy poderosa de proteger el dinero que tiene, y dar más sustento a su vida. Es llamado diezmo. Diezmo significa dar el 10 o 20 por ciento de sus ingresos netos. La gente Judía ha practicado el diezmo desde tiempos Bíblicos. Cuando damos por lo menos 10 por ciento de todo lo que ganamos, en esencia desempeñamos un acto de purificación, limpiando todas las energías negativas que nuestro dinero trae. Removemos solo una pequeña porción – 10 por ciento de las ganancias que representa y crearemos obstáculos y retos de nuestras vidas.

Entonces donando estos fondos a caridades, becas, organizaciones religiosas, o a algún extraño anónimo que necesita, transformamos nuestras ganancias a niveles elevados de energía espiritual, permitiéndonos a emular a Dios en la creación de un mundo mejor. Sólo cuando hacemos esto es que el 90 por ciento restante de nuestra fortuna se infunde con verdaderas bendiciones, complementando el círculo y podamos salir y ganar de nuevo. A través del diezmo, Dios nos permite redimir nuestra buena fortuna y continuar creciendo en prosperidad.

El diezmo en realidad crea un campo donde su riqueza es protegida. Una vez que inicia el ciclo de dar, no se encontrará a si mismo botando su dinero.

Déjeme contarle una breve historia.

.   En parpadeo de ojos, una mujer era transportada en el tiempo y el espacio hasta que se encontró a si misma parada frente a las puertas del Infierno. No era del todo como lo esperaba. Caminando, pasó por unas magníficas puertas negras, quedó impactada con la belleza del lugar. Delante de ella vio un gran salón de banquetes con largas mesas llenas de comida. Era la comida más deliciosa que había visto.

Todos los residentes del Infierno estaban sentados en las mesas. Todos se veían normales excepto uno, con una importante diferencia. Todos ellos tenían largos brazos, cerca de seis pies de largo. Al final de cada brazo, sus manos sostenían un tenedor, pero la gente no podía llevarse los tenedores a sus bocas debido a que sus brazos eran muy largos. Los sonidos del Infierno no eran muy placenteros, pues la gente lloraba en agonía.

De pronto la mujer fue transportada al Cielo. Delante de ella había resplandecientes puertas blancas. Cuando camino a la ciudad celestial, se sorprendió de ver que las cosas se veían mucho como las del Infierno. Delante de ella había una mesa de banquete, muy similar a la que ella vio momentos antes. La comida se veía increíblemente similar. Al caminar la mujer más cerca de la mesa, vio que las personas quienes se sentaban en la mesa eran idénticas a las del Infierno. Todos tenían largos brazos sin codos, y cada persona sostenía un tenedor. Los sonidos del Cielo sin embargo, eran muy diferentes. La gente reía y cantaba pues no encontraban que sus largos brazos no eran una gran desventaja. Cada persona simplemente llenaba su tenedor y lo ubicaba a través de la mesa. La situación era idéntica excepto por una cosa. En el Cielo la gente alimentaba a los otros.

La más interesante ley de las finanzas es la ley de dar. De acuerdo a la matemática. Si tiene $100 y da $10, tendrá $90. Pero de alguna manera, existe una orden en el universo que cuando usted da – cuando usa su tzedakah – se devuelve como una bendición hacia usted. Tzedakah es diferente que la caridad. La caridad viene de la palabra charitus que significa corazón. Tzedakah viene de la palabra tzedek, que significa justicia, por lo que dando tzedakah, no solo hace del mundo un mejor lugar al contribuir con hospitales, sinagogas, iglesias o su causa favorita. Está en posición de traer justicia al mundo, siendo como Dios como sea posible.

No conozco ningún artefacto de alta tecnología que pueda hacerlo sentirse tan fuerte como usando tzedakah, y al mismo tiempo, haciéndolo una mejor persona. Ultimadamente, usted está dándole una inyección de poder a su alma y pavimentando la vía de la independencia financiera delante de usted con bondad.

> # Recuerde
>
> El diezmo limpia su dinero de energía negativa.
>
> Tzedakah es más que simplemente contribuir con dinero a la caridad. Es traer justicia al universo.

18

De Generación en Generación

Va a ser muy difícil para usted pelear la guerra o aun una batalla por su propia prosperidad si toda su familia no está en el mismo canal, porque cada batalla le recordará que están juntos en esto. Como padre, su trabajo es colocar a sus hijos en la línea de fuego.

Mirando para tras cuando éramos niños y encontrábamos una moneda en la calle, o en el parque o camino a la escuela, y lo levantábamos y se lo mostramos a nuestra madre o padre, ellos inmediatamente nos mandan a lavarnos las manos, diciendo "Está sucio".

Crecemos con esta imagen de que el dinero es algo sucio, y es esta memoria que vuelve arraigada en nuestro inconsciente. No es de maravillarse que mucha gente tenga una relación negativa, y rechazo hacia su dinero. Muy profundo en nuestras mentes, el dinero es sucio. Después de todo, esta fue probablemente la primera cosa que oímos.

En la tradición Judía, llevamos siglos de practica poniendo gotas de miel sobre las letras Hebreas mientras enseñamos el alfabeto Hebrero a los niños. Aprender el alfabeto Hebreo no es cosa fácil, y para darles un dulce recordatorio asociado con el lenguaje, los niños son instruidos a decir la letra, tocar la miel y saborear su dulzura. Para un innumerable grupo de niños Judíos, quienes empiezan sus estudios con esta tradición, el lenguaje Hebreo, su experiencia de aprenderlo y la literatura por sí misma, siempre tiene una dulce y positiva sensación.

Creo que es también positivo recrear esta experiencia con respecto a las finanzas e inculcarlo en su carácter y su responsabilidad personal. Esto empieza con la asignación de tareas.

Primero, necesitamos el concepto de tareas a incluir en los deberes que desempeñamos todos los días, cuidándonos a nosotros mismos como ayudando a nuestra familia. Nuestros cuerpos son nuestros templos y necesitamos entender que nuestros cuerpos son un préstamo de Dios. Por ejemplo, si me pide quebrarle el parabrisas de su carro, la reparación será su responsabilidad pues usted me pidió quebrarlo, pero si pide que le quiebre el brazo, yo seré responsable porque quebrar un brazo es quebrar algo que no me pertenece. El brazo es una parte del cuerpo que es un préstamo de Dios. Nuestro cuerpo es la barca que lleva nuestra existencia humana. Dios nos ha prestado este cuerpo como una forma física.

Cuidando nuestro cuerpo, mostramos aprecio por este regalo que Dios nos dio. Necesitamos aprender desde muy jóvenes a amarnos a nosotros mismos y lo hacemos a través de lo que vemos como pequeños gestos como cepillarnos los dientes, vestirnos, y peinarnos. Entonces con un saludable desarrollo de cuidado y amor por el cuerpo, cuando nos desarrollemos como adultos, estaremos listos para amar a otros. Los niños estarán listos para tareas de cuidarse a sí mismos así como algunas tareas ligeras de la casa tan pronto tengan dos o tres años.

En vez de premiar a su niño con dinero o cosas tangibles, deberían recibir felicitaciones, honores o privilegios por completar sus tareas. Privilegios para un niño puede ser leerles una historia adicional antes de dormir, o tener el honor de ser el primero en la puerta o escoger su ropa para la escuela. El mensaje es claro – cosas buenas pasan, cuando hacen lo correcto. El pequeño José entenderá que su tiempo extra para jugar le fue dado porque sobrepaso las expectativas más que por lo que estaba obligado a hacer.

Esto es exactamente el tipo de buena semilla que usted quiere plantar en las almas de sus niños. Le recomiendo que tan pronto su niño sea lo suficiente crecido, ayude en las tareas de los adultos, tal como cocinar, lavar platos, lavandería, lavar el carro, que es muy probable cerca de la edad de ocho, y debería darles un incentivo monetario. Aumente la mesada hasta que llegue a los 12 años. Ya ahí, deberían ser capaces de manejar su dinero para entretenimiento y ropa, y deberían de dar dinero en caridad o tzedakah. La lección debe ser clara, deben balancear sus propios fondos. Si tienen más días en el mes que dinero, eso les ayudará a ser buenos administradores. Esa es una lección que sobrepasa cualquier lección dada en la universidad.

Así fue como yo llegué. Recuerdo que en 1982, todos mis amigos tenían un juego de video Atari, le pedí uno a mi padre, y yo creo que el fácilmente podía comprar uno. Después de todo el tenia más de una compañía, incluyendo una compañía de manufactura que suplía a las mayores cadenas de tiendas de Brasil, mi país de origen. Pero mi padre me dijo "en vez de un Atari, te voy a dar una cantidad ilimitada de ropa de segunda calidad, y vas a tener el 100 por ciento de la utilidad que hagas vendiéndolas. Entonces tú te podrás comprar el Atari".

En una semana, todos mis amigos estaban trabajando para mí vendiendo esas ropas en las calles cerca del área donde estaba ubicada la fábrica de mi padre. Y en solo en tres semanas, ya tenía mi Atari y varios juegos para jugar. También tenía un convenio como mis amigos que nunca compráramos el mismo juego. Al final de la cuarta semana, cuando paramos de vender ropa de segunda calidad – tenía 30 juegos de video – más que cualquiera que nosotros conociéramos. Entonces empezamos a alquilar los juegos de video a otros niños en la escuela. Eso fue mucho antes de tener mi Bar Mitzvah.

Nunca es demasiado temprano para sus niños aprender de economía. ¿No sería mejor que aprendieran de usted en vez de las tarjetas de crédito? Este es un tema importante por el que escribo este libro, también trabajo en un curso interactivo para niños para enseñarles como manejar sus finanzas de acuerdo a la forma de Dios.

Como mencioné antes, la palabra para Judíos viene de *todah* que significa gracias. Nosotros los Judios hemos aprendido este importante gesto desde que somos niños pequeños, a ser agradecidos en muchas, muchas oraciones. Esta perspectiva nos ha dado la habilidad de contemplar el mundo con una luz más positiva y nos permite estar en un balance más perfecto con el universo.

Lo que he descrito como el arte de la gratitud. Cada vez que decimos "gracias" no solo reconocemos que alguien ha hecho algo por nosotros, también le roseamos con un poquito de luz la vida de la persona. Me ha dicho más de una persona que aprecian cuando digo gracias. Esto demuestra que no hay suficientes personas que son agradecidas.

En el Judaísmo, tenemos oraciones para celebrar la luna nueva, una oración para cuando lavamos nuestras manos, una oración para cuando ve un arcoíris. Usted debería ser agradecido no solo cuando un bombero le salva la vida, o cuando es ayudado con su llanta ponchada a un lado de la calle. Debe ser también agradecido por las pequeñas cosas y por la gente que ve cada día. Parece que solo nos damos cuenta que tan importantes son estas cosas y esta gente, cuando no los tenemos o cuando el mundo no trabaja apropiadamente.

Solo mira alrededor de usted ahora y vea cuantas luces están brillando y cuantos aparatos electrónicos están trabajando, y piense que detrás de cada uno de ellos hay individuos que manufacturan el artículo y trabajan para asegurarse que la electricidad haga que funcione el aparato. Normalmente, solo pensamos en la electricidad cuando hay un apagón. Entonces el pensamiento llega a nuestras mentes acerca de que incompetente es la gente en la compañía eléctrica en vez de pensar que competentes son el 99 por ciento del tiempo.

También puede ver su cuerpo y pensar como la sangre fluye y el hecho que su cuerpo está en constante renovación. Es el milagro de la creación que pasa dentro de usted a cada segundo del día. Esto es algo por lo debe ser agradecido. Si colocamos estos valores en nuestros niños, podemos estar seguros que colocamos una semilla maravillosa en ellos que los conectan con el círculo de la prosperidad. Al ser positivo y agradecido, no solo está haciendo su vida mejor, sino que también moldea el tipo de energía que quiere pasarle a sus hijos. Este es el tipo de energía que a mucha gente le falta en sus almas y que tiene el potencial poder de atraer a otros hacia usted.

Recuerde

Enseñar a sus hijos a como manejar el dinero responsablemente y ser agradecidos por los regalos de cada día es el más importante legado que puede dejar en sus hijos.

Para el tiempo que su hijo tenga 12 años, ellos deberían empezar a ganar su propio dinero para que paguen por sus entretenimientos.

19

En Conclusión: Alcanzando su propia Suerte

Ahora que ha terminado siguiendo todas estas verdades:

- No tiene deudas.
- Tiene un Fondo Shalom.
- Esta contribuyendo a su organización religiosa.
- Se asegura que sus hijos puedan ir a la universidad.
- Tiene un seguro de vida en su lugar.

Además, ha establecido un estilo de vida que le permite tener riqueza. Ahora puede comprar algunos de esos lujos que siempre ha soñado y que puede pagar en efectivo. Ha domado la Bestia interior y ha apartado las diez plagas. Se ha asegurado que nunca más será esclavizado de nuevo.

Déjeme dejarlo con una última lección acerca del dinero. En tiempos Bíblicos, habían dos tipos diferentes de moneda. Una era el *shekels*, que significa pesos, no muy diferente de lo que los viejos decían acerca de algo que vale su peso en oro. La otra moneda era el *zuz*, que venía del movimiento circular de la tierra y que no tenía nada que ver con el valor del oro o plata. Tenía su propio valor inherente. La palabra "amen" estaba inscrita en el zuz, que es un anacronismo en Hebreo de la palabra "*El Melech Neeman*" que significa "el soberano es confiable" y es una copia organizacional de la declaración "En Dios Confiamos" que se encuentra en la moneda de Estados Unidos.

Este concepto de un rey supremo quien por si solo puede garantizar el valor de una pieza de papel no define el significado de Dios, pero podría definir el significado que Dios ocupaba en los antiguos Israelitas. El hecho que los Israelitas de tiempos antiguos prefirieran recibir un pedazo de papel en vez de un lingote de otro, nos enseña que la

115

fe significa seguir un patrón que Dios ha establecido para nosotros. Cuando los antiguos Israelitas usaban papel moneda, tal como lo hacemos ahora, ellos aceptaban el patrón y aceptaban su destino y fe en el futuro de invertir dinero en ambos buenos y malos tiempos, pues conocían que Dios no dejaba las promesas inconclusas.

Cuando usted sacrifica todo por su familia, y está comprometido a cambiar su estilo para asegurar un mejor futuro, no es un acto de avaricia, más bien es un acto de fe. Ahora mismo, usted entiende que va a tener que dejar su Egipto de deudas financieras. Rezo para que disfrute su viaje a través del desierto hacia la Tierra Prometida de la prosperidad. Espero que vaya a revisar y aprender de las herramientas en este libro para dar fortuna a su familia y redención a otros. Dios lo bendiga en su camino.

Quiero desearles buena suerte. Los Judíos crearon el concepto de buena suerte. Suerte en Hebreo es *mazel*, que en realidad no es una palabra. Es un acrónimo de tres palabras:

1.*makon* = lugar
2.*zman* = tiempo
3.*lamud* = trabajo

Para que usted tenga suerte debe estar en el lugar correcto, en el tiempo correcto y mostrar que trabaja con sus manos, su trabajo, y su talento. Suerte, de acuerdo al creador, no es una casualidad o resultado de probabilidades o factores numéricos. Es en función de crear su propia tierra y ser el gobernante de sus posesiones terrenales de acuerdo a un gran propósito. Ser su propio gobernador podría requerir que usted se prive de muchas gratificaciones instantáneas, que al final es la última expectativa del rey supremo. Ahora le voy a revelar un significado específico de suerte. En vez de pagar por su suerte, vaya y hágala suya.

Espero que todos sus días sean guiados por *El Melech Neeman* – y que sea merecedor de suerte y que use esa bendición para bendecir a los demás.

ACERCA DEL RABINO DEL PUEBLO

El Rabino Celso Cukierkorn fue nominado como Héroe de la Comunidad Judía en el 2010. Su trabajo ha sido presentado en CNN, CBS, NBC y ABC, en el Jerusalem Post, el New York Times y el International Herald Tribune.

El Rabino Celso Cukierkorn viene de una impresionante dinastía rabínica. Su abuelo de su abuela fue Kotske Rebee. Además de Rebee de Kotske, también es pariente del Rabino Meir Shapiro de Lublin, fundador de Yeshiva Chochme Lublin y quien es también presidente del partido político Agudat Israel. El Rabino Celso también es descendiente de Pinchas de Koretz, uno de los más grandes profesores de la historia de Kabbalah.

El Rabino Celso Cukierkorn, también conocido como el Rabino del Pueblo ha ayudado a miles de personas a vivir más saludable, afortunados y con vidas más plenas compartiendo en significado interior del plan maestro de Dios.

"El Rabino Celso nos ensena acerca de la Torah a nivel principiante y combina sus enseñanzas por lo que podemos conocer como vivir financieramente prósperos y como vivir espiritualmente prósperos".

Revealing the Secrets of Jewish Wealth Now on DVD

Puede tener las enseñanzas del Rabino del Pueblo en su propia sala y conocer nuevos secretos, encontrados solo en este DVD.

Ordene ahora a: www.rabbiraw.org

Si desea tener al Rabino Cukierkorn como Orador, por favor contactarnos al 1800 94TORAH